POOLS
WOORDENSCHAT

THEMATISCHE WOORDENLIJST

NEDERLANDS POOLS

De meest bruikbare woorden
Om uw woordenschat uit te breiden en
uw taalvaardigheid aan te scherpen

5000 woorden

Thematische woordenschat Nederlands-Pools - 5000 woorden
Door Andrey Taranov

Woordenlijsten van T&P Books zijn bedoeld om u woorden van een vreemde taal te helpen leren, onthouden, en bestudering. Dit woordenboek is ingedeeld in thema's en behandelt alle belangrijk terreinen van het dagelijkse leven, bedrijven, wetenschap, cultuur, etc.

Het proces van het leren van woorden met behulp van de op thema's gebaseerde aanpak van T&P Books biedt u de volgende voordelen:

- Correct gegroepeerde informatie is bepalend voor succes bij opeenvolgende stadia van het leren van woorden
- De beschikbaarheid van woorden die van dezelfde stam zijn maakt het mogelijk om woordgroepen te onthouden (in plaats van losse woorden)
- Kleine groepen van woorden faciliteren het proces van het aanmaken van associatieve verbindingen, die nodig zijn bij het consolideren van de woordenschat
- Het niveau van talenkennis kan worden ingeschat door het aantal geleerde woorden

Copyright © 2015 T&P Books Publishing

Alle rechten voorbehouden. Niets uit deze uitgave mag worden verveelvoudigd, opgeslagen in een geautomatiseerd gegevensbestand en/of openbaar gemaakt in enige vorm of op enige wijze, hetzij elektronisch, mechanisch, door fotokopieën, opnamen of op enige andere manier zonder voorafgaande schriftelijke toestemming van de uitgever. U mag dit boek niet verspreiden in welk formaat dan ook.

T&P Books Publishing
www.tpbooks.com

ISBN: 978-1-78492-352-5

Dit boek is ook beschikbaar in e-boek formaat.
Gelieve www.tpbooks.com te bezoeken of de belangrijkste online boekwinkels.

POOLSE WOORDENSCHAT
nieuwe woorden leren

T&P Books woordenlijsten zijn bedoeld om u te helpen vreemde woorden te leren, te onthouden, en te bestuderen. De woordenschat bevat meer dan 5000 veel gebruikte woorden die thematisch geordend zijn.

- De woordenlijst bevat de meest gebruikte woorden
- Aanbevolen als aanvulling bij welke taalcursus dan ook
- Voldoet aan de behoeften van de beginnende en gevorderde student in vreemde talen
- Geschikt voor dagelijks gebruik, bestudering en zelftestactiviteiten
- Maakt het mogelijk om uw woordenschat te evalueren

Bijzondere kenmerken van de woordenschat

- De woorden zijn gerangschikt naar hun betekenis, niet volgens alfabet
- De woorden worden weergegeven in drie kolommen om bestudering en zelftesten te vergemakkelijken
- Woorden in groepen worden verdeeld in kleine blokken om het leerproces te vergemakkelijken
- De woordenschat biedt een handige en eenvoudige beschrijving van elk buitenlands woord

De woordenschat bevat 155 onderwerpen zoals:

Basisconcepten, getallen, kleuren, maanden, seizoenen, meeteenheden, kleding en accessoires, eten & voeding, restaurant, familieleden, verwanten, karakter, gevoelens, emoties, ziekten, stad, dorp, bezienswaardigheden, winkelen, geld, huis, thuis, kantoor, werken op kantoor, import & export, marketing, werk zoeken, sport, onderwijs, computer, internet, gereedschap, natuur, landen, nationaliteiten en meer ...

INHOUDSOPGAVE

Uitspraakgids	9
Afkortingen	11

BASISBEGRIPPEN	13
Basisbegrippen Deel 1	13
1. Voornaamwoorden	13
2. Begroetingen. Begroetingen. Afscheid	13
3. Hoe aan te spreken	14
4. Kardinale getallen. Deel 1	14
5. Kardinale getallen. Deel 2	15
6. Ordinale getallen	16
7. Getallen. Breuken	16
8. Getallen. Eenvoudige berekeningen	16
9. Getallen. Diversen	16
10. De belangrijkste werkwoorden. Deel 1	17
11. De belangrijkste werkwoorden. Deel 2	18
12. De belangrijkste werkwoorden. Deel 3	19
13. De belangrijkste werkwoorden. Deel 4	20
14. Kleuren	21
15. Vragen	21
16. Voorzetsels	22
17. Functiewoorden. Bijwoorden. Deel 1	22
18. Functiewoorden. Bijwoorden. Deel 2	24

Basisbegrippen Deel 2	26
19. Dagen van de week	26
20. Uren. Dag en nacht	26
21. Maanden. Seizoenen	27
22. Meeteenheden	29
23. Containers	30

MENS	31
Mens. Het lichaam	31
24. Hoofd	31
25. Menselijk lichaam	32

Kleding en accessoires	33
26. Bovenkleding. Jassen	33
27. Heren & dames kleding	33

28. Kleding. Ondergoed	34
29. Hoofddeksels	34
30. Schoeisel	34
31. Persoonlijke accessoires	35
32. Kleding. Diversen	35
33. Persoonlijke verzorging. Schoonheidsmiddelen	36
34. Horloges. Klokken	37

Voedsel. Voeding	38
35. Voedsel	38
36. Drankjes	39
37. Groenten	40
38. Vruchten. Noten	41
39. Brood. Snoep	42
40. Bereide gerechten	42
41. Kruiden	43
42. Maaltijden	44
43. Tafelschikking	45
44. Restaurant	45

Familie, verwanten en vrienden	46
45. Persoonlijke informatie. Formulieren	46
46. Familieleden. Verwanten	46

Geneeskunde	48
47. Ziekten	48
48. Symptomen. Behandelingen. Deel 1	49
49. Symptomen. Behandelingen. Deel 2	50
50. Symptomen. Behandelingen. Deel 3	51
51. Artsen	52
52. Geneeskunde. Medicijnen. Accessoires	52

HET MENSELIJKE LEEFGEBIED	53
Stad	53
53. Stad. Het leven in de stad	53
54. Stedelijke instellingen	54
55. Borden	55
56. Stedelijk vervoer	56
57. Bezienswaardigheden	57
58. Winkelen	58
59. Geld	59
60. Post. Postkantoor	60

Woning. Huis. Thuis	61
61. Huis. Elektriciteit	61

62.	Villa. Herenhuis	61
63.	Appartement	61
64.	Meubels. Interieur	62
65.	Beddengoed	63
66.	Keuken	63
67.	Badkamer	64
68.	Huishoudelijke apparaten	65

MENSELIJKE ACTIVITEITEN 66
Baan. Business. Deel 1 66

69.	Kantoor. Op kantoor werken	66
70.	Bedrijfsprocessen. Deel 1	67
71.	Bedrijfsprocessen. Deel 2	68
72.	Productie. Werken	69
73.	Contract. Overeenstemming.	70
74.	Import & Export	71
75.	Financiën	71
76.	Marketing	72
77.	Reclame	72
78.	Bankieren	73
79.	Telefoon. Telefoongesprek	74
80.	Mobiele telefoon	74
81.	Schrijfbehoeften	75
82.	Soorten bedrijven	75

Baan. Business. Deel 2 78

83.	Show. Tentoonstelling	78
84.	Wetenschap. Onderzoek. Wetenschappers	79

Beroepen en ambachten 80

85.	Zoeken naar werk. Ontslag	80
86.	Zakenmensen	80
87.	Dienstverlenende beroepen	81
88.	Militaire beroepen en rangen	82
89.	Ambtenaren. Priesters	83
90.	Agrarische beroepen	83
91.	Kunst beroepen	84
92.	Verschillende beroepen	84
93.	Beroepen. Sociale status	86

Onderwijs 87

94.	School	87
95.	Hogeschool. Universiteit	88
96.	Wetenschappen. Disciplines	89
97.	Schrift. Spelling	89
98.	Vreemde talen	90

Rusten. Entertainment. Reizen 92

99. Trip. Reizen 92
100. Hotel 92

TECHNISCHE APPARATUUR. VERVOER 94
Technische apparatuur 94

101. Computer 94
102. Internet. E-mail 95
103. Elektriciteit 96
104. Gereedschappen 96

Vervoer 99

105. Vliegtuig 99
106. Trein 100
107. Schip 101
108. Vliegveld 102

Gebeurtenissen in het leven 104

109. Vakanties. Evenement 104
110. Begrafenissen. Begrafenis 105
111. Oorlog. Soldaten 105
112. Oorlog. Militaire acties. Deel 1 106
113. Oorlog. Militaire acties. Deel 2 108
114. Wapens 109
115. Oude mensen 111
116. Middeleeuwen 111
117. Leider. Baas. Autoriteiten 113
118. De wet overtreden. Criminelen. Deel 1 114
119. De wet overtreden. Criminelen. Deel 2 115
120. Politie. Wet. Deel 1 116
121. Politie. Wet. Deel 2 117

NATUUR 119
De Aarde. Deel 1 119

122. De kosmische ruimte 119
123. De Aarde 120
124. Windrichtingen 121
125. Zee. Oceaan 121
126. Namen van zeeën en oceanen 122
127. Bergen 123
128. Bergen namen 124
129. Rivieren 124
130. Namen van rivieren 125
131. Bos 125
132. Natuurlijke hulpbronnen 126

7

De Aarde. Deel 2 — 128

133. Weer — 128
134. Zwaar weer. Natuurrampen — 129

Fauna — 130

135. Zoogdieren. Roofdieren — 130
136. Wilde dieren — 130
137. Huisdieren — 131
138. Vogels — 132
139. Vis. Zeedieren — 134
140. Amfibieën. Reptielen — 134
141. Insecten — 135

Flora — 136

142. Bomen — 136
143. Heesters — 136
144. Vruchten. Bessen — 137
145. Bloemen. Planten — 138
146. Granen, graankorrels — 139

LANDEN. NATIONALITEITEN — 140

147. West-Europa — 140
148. Centraal- en Oost-Europa — 140
149. Voormalige USSR landen — 141
150. Azië — 141
151. Noord-Amerika — 142
152. Midden- en Zuid-Amerika — 142
153. Afrika — 143
154. Australië. Oceanië — 143
155. Steden — 143

UITSPRAAKGIDS

Letter	Pools voorbeeld	T&P fonetisch alfabet	Nederlands voorbeeld

Klinkers

A a	fala	[a]	acht
Ą ą	są	[ɔ̃]	nasale [o]
E e	tekst	[ɛ]	elf, zwembad
Ę ę	pięć	[ɛ̃]	zwemmen, existeren
I i	niski	[i]	bidden, tint
O o	strona	[ɔ]	aankomst, bot
Ó ó	ołów	[u]	hoed, doe
U u	ulica	[u]	hoed, doe
Y y	stalowy	[ɪ]	iemand, die

Medeklinkers

B b	brew	[b]	hebben
C c	palec	[ts]	niets, plaats
Ć ć	haftować	[tɕ]	Tsjechië, cello
D d	modny	[d]	Dank u, honderd
F f	perfumy	[f]	feestdag, informeren
G g	zegarek	[g]	goal, tango
H h	handel	[h]	het, herhalen
J j	jajko	[j]	New York, januari
K k	krab	[k]	kennen, kleur
L l	mleko	[l]	delen, luchter
Ł ł	głodny	[w]	twee, willen
M m	guma	[m]	morgen, etmaal
N n	Indie	[n]	nemen, zonder
Ń ń	jesień	[ɲ]	cognac, nieuw
P p	poczta	[p]	parallel, koper
R r	portret	[r]	roepen, breken
S s	studnia	[s]	spreken, kosten
Ś ś	świat	[ɕ]	Chicago, jasje
T t	taniec	[t]	kaartje, turkoois
W w	wieczór	[v]	beloven, schrijven
Z z	zachód	[z]	zeven, zesde
Ź ź	żaba	[ʑ]	origineel, regime
Ż ż	żagiel	[ʒ]	journalist, rouge

Letter	Pools voorbeeld	T&P fonetisch alfabet	Nederlands voorbeeld

Lettercombinaties

ch	ich, zachód	[h]	hitte, hypnose
ci	kwiecień	[tɕ]	cappuccino, Engels - 'cheese'
cz	czasami	[tʃ]	Tsjechië, cello
dz	dzbanek	[dz]	zeldzaam
dzi	dziecko	[dʑ]	jeans, bougie
dź	dźwig	[dʑ]	jeans, bougie
dż	dżinsy	[j]	New York, januari
ni	niedziela	[ɲ]	cognac, nieuw
rz	orzech	[ʒ]	journalist, rouge
si	osiem	[ɕ]	Chicago, jasje
sz	paszport	[ʃ]	shampoo, machine
zi	zima	[ʑ]	origineel, regime

Opmerkingen

Letters QQ, Vv, Xx alleen gebruikt in buitenlandse leenwoorden

AFKORTINGEN
gebruikt in de woordenschat

Nederlandse afkortingen

mann.	-	mannelijk
vrouw.	-	vrouwelijk
mv.	-	meervoud
on.ww.	-	onovergankelijk werkwoord
ov.ww.	-	overgankelijk werkwoord
bn	-	bijvoeglijk naamwoord
bw	-	bijwoord
abn	-	als bijvoeglijk naamwoord
bijv.	-	bijvoorbeeld
enz.	-	enzovoort
wisk.	-	wiskunde
enk.	-	enkelvoud
ov.	-	over
mil.	-	militair
vn	-	voornaamwoord
telb.	-	telbaar
form.	-	formele taal
ontelb.	-	ontelbaar
inform.	-	informele taal
vw	-	voegwoord
vz	-	voorzetsel
ww	-	werkwoord

Nederlandse artikelen

de	-	gemeenschappelijk geslacht
het	-	onzijdig
de/het	-	onzijdig, gemeenschappelijk geslacht

Poolse afkortingen

m	-	mannelijk zelfstandig naamwoord
ż	-	vrouwelijk zelfstandig naamwoord
n	-	onzijdig
l.mn.	-	meervoud
m, ż	-	mannelijk, vrouwelijk

| m, l.mn. | - | mannelijk meervoud |
| ż, l.mn. | - | vrouwelijk meervoud |

T&P Books. Thematische woordenschat Nederlands-Pools - 5000 woorden

BASISBEGRIPPEN

Basisbegrippen Deel 1

1. Voornaamwoorden

ik	ja	[ja]
jij, je	ty	[ti]
hij	on	[ɔn]
zij, ze	ona	['ɔna]
het	ono	['ɔnɔ]
wij, we	my	[mɨ]
jullie	wy	[vɨ]
zij, ze	one	['ɔnɛ]

2. Begroetingen. Begroetingen. Afscheid

Hallo! Dag!	Dzień dobry!	[dʒeɲ 'dɔbrɨ]
Hallo!	Dzień dobry!	[dʒeɲ 'dɔbrɨ]
Goedemorgen!	Dzień dobry!	[dʒeɲ 'dɔbrɨ]
Goedemiddag!	Dzień dobry!	[dʒeɲ 'dɔbrɨ]
Goedenavond!	Dobry wieczór!	[dɔbrɨ 'vetʃur]
gedag zeggen (groeten)	witać się	['vitatʃ ɕɛ̃]
Hoi!	Cześć!	[tʃɛɕtʃ]
groeten (het)	pozdrowienia (l.mn.)	[pɔzdrɔ'veɲa]
verwelkomen (ww)	witać	['vitatʃ]
Hoe gaat het?	Jak się masz?	[jak ɕɛ̃ maʃ]
Is er nog nieuws?	Co nowego?	[tsɔ nɔ'vɛgɔ]
Dag! Tot ziens!	Do widzenia!	[dɔ vi'dzɛɲa]
Tot snel! Tot ziens!	Do zobaczenia!	[dɔ zɔbat'ʃɛɲa]
Vaarwel! (inform.)	Żegnaj!	['ʒɛgnaj]
Vaarwel! (form.)	Żegnam!	['ʒɛgnam]
afscheid nemen (ww)	żegnać się	['ʒɛgnatʃ ɕɛ̃]
Tot kijk!	Na razie!	[na 'raʒe]
Dank u!	Dziękuję!	[dʒɛ̃'kue]
Dank u wel!	Bardzo dziękuję!	[bardzɔ dʒɛ̃'kuɛ̃]
Graag gedaan	Proszę	['prɔʃɛ̃]
Geen dank!	To drobiazg	[tɔ 'drɔbʲazk]
Geen moeite.	Nie ma za co	['ne ma 'za tsɔ]
Excuseer me, ...	Przepraszam!	[pʃɛp'raʃam]
excuseren (verontschuldigen)	wybaczać	[vɨ'batʃatʃ]

zich verontschuldigen	przepraszać	[pʃɛp'raʃatʃ]
Mijn excuses.	Przepraszam!	[pʃɛp'raʃam]
Het spijt me!	Przepraszam!	[pʃɛp'raʃam]
vergeven (ww)	wybaczać	[vi'batʃatʃ]
alsjeblieft	proszę	['prɔʃɛ̃]
Vergeet het niet!	Nie zapomnijcie!	[ne zapɔm'nijtʃe]
Natuurlijk!	Oczywiście!	[ɔtʃi'victʃe]
Natuurlijk niet!	Oczywiście, że nie!	[ɔtʃivictʃe ʒɛ 'ne]
Akkoord!	Zgoda!	['zgɔda]
Zo is het genoeg!	Dosyć!	['dɔsitʃ]

3. Hoe aan te spreken

meneer	Proszę pana	['prɔʃɛ̃ 'pana]
mevrouw	Proszę pani	['prɔʃɛ̃ 'pani]
juffrouw	Proszę pani	['prɔʃɛ̃ 'pani]
jongeman	Proszę pana	['prɔʃɛ̃ 'pana]
jongen	Chłopczyku	[hwɔpt'ʃiku]
meisje	Dziewczynko	[dʒevt'ʃiŋkɔ]

4. Kardinale getallen. Deel 1

nul	zero	['zɛrɔ]
een	jeden	['edɛn]
twee	dwa	[dva]
drie	trzy	[tʃi]
vier	cztery	['tʃtɛri]
vijf	pięć	[pɛ̃tʃ]
zes	sześć	[ʃɛctʃ]
zeven	siedem	['ɕedɛm]
acht	osiem	['ɔɕem]
negen	dziewięć	['dʒevɛ̃tʃ]
tien	dziesięć	['dʒeɕɛ̃tʃ]
elf	jedenaście	[edɛ'nactʃe]
twaalf	dwanaście	[dva'nactʃe]
dertien	trzynaście	[tʃi'nactʃe]
veertien	czternaście	[tʃtɛr'nactʃe]
vijftien	piętnaście	[pɛ̃t'nactʃe]
zestien	szesnaście	[ʃɛs'nactʃe]
zeventien	siedemnaście	[ɕedɛm'nactʃe]
achttien	osiemnaście	[ɔɕem'nactʃe]
negentien	dziewiętnaście	[dʒevɛ̃t'nactʃe]
twintig	dwadzieścia	[dva'dʒɛctʃa]
eenentwintig	dwadzieścia jeden	[dva'dʒɛctʃa 'edɛn]
tweeëntwintig	dwadzieścia dwa	[dva'dʒɛctʃa dva]
drieëntwintig	dwadzieścia trzy	[dva'dʒɛctʃa tʃi]
dertig	trzydzieści	[tʃi'dʒɛctʃi]

T&P Books. Thematische woordenschat Nederlands-Pools - 5000 woorden

eenendertig	trzydzieści jeden	[tʃi'dʒɛɕtʃi 'edɛn]
tweeëndertig	trzydzieści dwa	[tʃi'dʒɛɕtʃi dva]
drieëndertig	trzydzieści trzy	[tʃi'dʒɛɕtʃi tʃi]
veertig	czterdzieści	[tʃtɛr'dʒɛɕtʃi]
eenenveertig	czterdzieści jeden	[tʃtɛr'dʒɛɕtʃi 'edɛn]
tweeënveertig	czterdzieści dwa	[tʃtɛr'dʒɛɕtʃi dva]
drieënveertig	czterdzieści trzy	[tʃtɛr'dʒɛɕtʃi tʃi]
vijftig	pięćdziesiąt	[pɛ̃'dʒɛɕɔ̃t]
eenenvijftig	pięćdziesiąt jeden	[pɛ̃'dʒɛɕɔ̃t 'edɛn]
tweeënvijftig	pięćdziesiąt dwa	[pɛ̃'dʒɛɕɔ̃t dva]
drieënvijftig	pięćdziesiąt trzy	[pɛ̃'dʒɛɕɔ̃t tʃi]
zestig	sześćdziesiąt	[ʃɛɕ'dʒɛɕɔ̃t]
eenenzestig	sześćdziesiąt jeden	[ʃɛɕ'dʒɛɕɔ̃t 'edɛn]
tweeënzestig	sześćdziesiąt dwa	[ʃɛɕ'dʒɛɕɔ̃t dva]
drieënzestig	sześćdziesiąt trzy	[ʃɛɕ'dʒɛɕɔ̃t tʃi]
zeventig	siedemdziesiąt	[ɕedɛm'dʒɛɕɔ̃t]
eenenzeventig	siedemdziesiąt jeden	[ɕedɛm'dʒɛɕɔ̃t 'edɛn]
tweeënzeventig	siedemdziesiąt dwa	[ɕedɛm'dʒɛɕɔ̃t dva]
drieënzeventig	siedemdziesiąt trzy	[ɕedɛm'dʒɛɕɔ̃t tʃi]
tachtig	osiemdziesiąt	[ɔɕem'dʒɛɕɔ̃t]
eenentachtig	osiemdziesiąt jeden	[ɔɕem'dʒɛɕɔ̃t 'edɛn]
tweeëntachtig	osiemdziesiąt dwa	[ɔɕem'dʒɛɕɔ̃t dva]
drieëntachtig	osiemdziesiąt trzy	[ɔɕem'dʒɛɕɔ̃t tʃi]
negentig	dziewięćdziesiąt	[dʒevɛ̃'dʒɛɕɔ̃t]
eenennegentig	dziewięćdziesiąt jeden	[dʒevɛ̃'dʒɛɕɔ̃t edɛn]
tweeënnegentig	dziewięćdziesiąt dwa	[dʒevɛ̃'dʒɛɕɔ̃t dva]
drieënnegentig	dziewięćdziesiąt trzy	[dʒevɛ̃'dʒɛɕɔ̃t tʃi]

5. Kardinale getallen. Deel 2

honderd	sto	[stɔ]
tweehonderd	dwieście	['dvɛɕtʃe]
driehonderd	trzysta	['tʃista]
vierhonderd	czterysta	['tʃtɛrista]
vijfhonderd	pięćset	['pɛ̃tʃsɛt]
zeshonderd	sześćset	['ʃɛɕtʃsɛt]
zevenhonderd	siedemset	['ɕedɛmsɛt]
achthonderd	osiemset	[ɔ'ɕemsɛt]
negenhonderd	dziewięćset	['dʒevɛ̃tʃsɛt]
duizend	tysiąc	['tiɕɔ̃ts]
tweeduizend	dwa tysiące	[dva tiɕɔ̃tsɛ]
drieduizend	trzy tysiące	[tʃi tiɕɔ̃tsɛ]
tienduizend	dziesięć tysięcy	['dʒeɕɛ̃tʃ ti'ɕentsi]
honderdduizend	sto tysięcy	[stɔ ti'ɕentsi]
miljoen (het)	milion	['miʎjɔn]
miljard (het)	miliard	['miʎjart]

6. Ordinale getallen

eerste (bn)	pierwszy	['perfʃi]
tweede (bn)	drugi	['drugi]
derde (bn)	trzeci	['tʃetʃi]
vierde (bn)	czwarty	['tʃfarti]
vijfde (bn)	piąty	[põti]
zesde (bn)	szósty	['ʃusti]
zevende (bn)	siódmy	['ɕudmi]
achtste (bn)	ósmy	['usmi]
negende (bn)	dziewiąty	[dʒevõti]
tiende (bn)	dziesiąty	[dʒeɕõti]

7. Getallen. Breuken

breukgetal (het)	ułamek (m)	[uˈwamɛk]
half	jedna druga	['edna 'druga]
een derde	jedna trzecia	['edna 'tʃetʃʲa]
kwart	jedna czwarta	['edna 'tʃfarta]
een achtste	jedna ósma	['edna 'usma]
een tiende	jedna dziesiąta	['edna dʒeɕõta]
twee derde	dwie trzecie	[dve 'tʃetʃe]
driekwart	trzy czwarte	[tʃi 'tʃfarte]

8. Getallen. Eenvoudige berekeningen

aftrekking (de)	odejmowanie (n)	[ɔdɛjmɔˈvane]
aftrekken (ww)	odejmować	[ɔdɛjˈmɔvatʃ]
deling (de)	dzielenie (n)	[dʒeˈlene]
delen (ww)	dzielić	['dʒelitʃ]
optelling (de)	dodawanie (n)	[dɔdaˈvane]
erbij optellen (bij elkaar voegen)	dodać	['dɔdatʃ]
optellen (ww)	dodawać	[dɔˈdavatʃ]
vermenigvuldiging (de)	mnożenie (n)	[mnɔˈʒɛne]
vermenigvuldigen (ww)	mnożyć	['mnɔʒitʃ]

9. Getallen. Diversen

cijfer (het)	cyfra (ż)	['tsifra]
nummer (het)	liczba (ż)	['litʃba]
telwoord (het)	liczebnik (m)	[litˈʃɛbnik]
minteken (het)	minus (m)	['minus]
plusteken (het)	plus (m)	[plys]
formule (de)	wzór (m)	[vzur]
berekening (de)	obliczenie (n)	[ɔbliˈtʃane]

tellen (ww)	liczyć	['litʃitʃ]
bijrekenen (ww)	podliczać	[pɔd'litʃatʃ]
vergelijken (ww)	porównywać	[pɔruv'nivatʃ]

Hoeveel?	Ile?	['ile]
som (de), totaal (het)	suma (ż)	['suma]
uitkomst (de)	wynik (m)	['vinik]
rest (de)	reszta (ż)	['rɛʃta]

enkele (bijv. ~ minuten)	kilka	['kiʎka]
weinig (bw)	niedużo ...	[ne'duʒɔ]
restant (het)	reszta (ż)	['rɛʃta]
anderhalf	półtora	[puw'tɔra]
dozijn (het)	tuzin (m)	['tuʒin]

middendoor (bw)	na pół	[na puw]
even (bw)	po równo	[pɔ 'ruvnɔ]
helft (de)	połowa (ż)	[pɔ'wɔva]
keer (de)	raz (m)	[raz]

10. De belangrijkste werkwoorden. Deel 1

aanbevelen (ww)	polecać	[pɔ'letsatʃ]
aandringen (ww)	nalegać	[na'legatʃ]
aankomen (per auto, enz.)	przyjeżdżać	[pʃi'eʒdʒatʃ]
aanraken (ww)	dotykać	[dɔ'tikatʃ]
adviseren (ww)	radzić	['radʒitʃ]

afdalen (on.ww.)	schodzić	['shɔdʒitʃ]
afslaan (naar rechts ~)	skręcać	['skrɛntsatʃ]
antwoorden (ww)	odpowiadać	[ɔtpɔ'vʲadatʃ]
bang zijn (ww)	bać się	[batʃ ɕɛ]
bedreigen (bijv. met een pistool)	grozić	['grɔʒitʃ]

bedriegen (ww)	oszukiwać	[ɔʃu'kivatʃ]
beëindigen (ww)	kończyć	['kɔɲtʃitʃ]
beginnen (ww)	rozpoczynać	[rɔspɔt'ʃinatʃ]
begrijpen (ww)	rozumieć	[rɔ'zumetʃ]
beheren (managen)	kierować	[ke'rɔvatʃ]

beledigen (met scheldwoorden)	znieważać	[zne'vaʒatʃ]
beloven (ww)	obiecać	[ɔ'betsatʃ]
bereiden (koken)	gotować	[gɔ'tɔvatʃ]
bespreken (spreken over)	omawiać	[ɔ'mavʲatʃ]

bestellen (eten ~)	zamawiać	[za'mavʲatʃ]
bestraffen (een stout kind ~)	karać	['karatʃ]
betalen (ww)	płacić	['pwatʃitʃ]
betekenen (beduiden)	znaczyć	['znatʃitʃ]
betreuren (ww)	żałować	[ʒa'wɔvatʃ]
bevallen (prettig vinden)	podobać się	[pɔ'dɔbatʃ ɕɛ]
bevelen (mil.)	rozkazywać	[rɔska'zivatʃ]

bevrijden (stad, enz.)	wyzwalać	[viz'vaʎatʃ]
bewaren (ww)	zachowywać	[zaho'vivatʃ]
bezitten (ww)	posiadać	[pɔ'ɕadatʃ]
bidden (praten met God)	modlić się	['mɔdlitʃ ɕɛ̃]
binnengaan (een kamer ~)	wchodzić	['fhɔdʑitʃ]
breken (ww)	psuć	[psutʃ]
controleren (ww)	kontrolować	[kɔntrɔ'lɜvatʃ]
creëren (ww)	stworzyć	['stfɔʑitʃ]
deelnemen (ww)	uczestniczyć	[utʃɛst'nitʃitʃ]
denken (ww)	myśleć	['miɕletʃ]
doden (ww)	zabijać	[za'bijatʃ]
doen (ww)	robić	['rɔbitʃ]
dorst hebben (ww)	chcieć pić	[htʃetʃ pitʃ]

11. De belangrijkste werkwoorden. Deel 2

een hint geven	czynić aluzje	['tʃinitʃ a'lyzʰe]
eisen (met klem vragen)	zażądać	[za'ʒɔ̃datʃ]
existeren (bestaan)	istnieć	['istnetʃ]
gaan (te voet)	iść	[iɕtʃ]

gaan zitten (ww)	siadać	['ɕadatʃ]
gaan zwemmen	kąpać się	['kɔ̃patʃ ɕɛ̃]
geven (ww)	dawać	['davatʃ]
glimlachen (ww)	uśmiechać się	[uɕ'mehatʃ ɕɛ̃]
goed raden (ww)	odgadnąć	[ɔd'gadnɔ̃tʃ]

| grappen maken (ww) | żartować | [ʒar'tɔvatʃ] |
| graven (ww) | kopać | ['kɔpatʃ] |

hebben (ww)	mieć	[metʃ]
helpen (ww)	pomagać	[pɔ'magatʃ]
herhalen (opnieuw zeggen)	powtarzać	[pɔf'taʒatʃ]
honger hebben (ww)	chcieć jeść	[htʃetʃ eɕtʃ]

hopen (ww)	mieć nadzieję	[metʃ na'dʒeɛ̃]
horen (waarnemen met het oor)	słyszeć	['swiʃɛtʃ]
huilen (wenen)	płakać	['pwakatʃ]
huren (huis, kamer)	wynajmować	[vinaj'mɔvatʃ]
informeren (informatie geven)	informować	[infɔr'mɔvatʃ]

instemmen (akkoord gaan)	zgadzać się	['zgadzatʃ ɕɛ̃]
jagen (ww)	polować	[pɔ'lɜvatʃ]
kennen (kennis hebben van iemand)	znać	[znatʃ]
kiezen (ww)	wybierać	[vi'beratʃ]
klagen (ww)	skarżyć się	['skarʒitʃ ɕɛ̃]

kosten (ww)	kosztować	[kɔʃ'tɔvatʃ]
kunnen (ww)	móc	[muts]
lachen (ww)	śmiać się	['ɕmʲatʃ ɕɛ̃]

T&P Books. Thematische woordenschat Nederlands-Pools - 5000 woorden

laten vallen (ww)	upuszczać	[u'puʃtʃatʃ]
lezen (ww)	czytać	['tʃitatʃ]

liefhebben (ww)	kochać	['kɔhatʃ]
lunchen (ww)	jeść obiad	[eɕtʃ 'ɔbʲat]
nemen (ww)	brać	[bratʃ]
nodig zijn (ww)	być potrzebnym	[bitʃ pɔt'ʃɛbnim]

12. De belangrijkste werkwoorden. Deel 3

onderschatten (ww)	nie doceniać	[nedɔ'tsɛɲatʃ]
ondertekenen (ww)	podpisywać	[pɔtpi'sivatʃ]
ontbijten (ww)	jeść śniadanie	[eɕtʃ ɕɲa'dane]
openen (ww)	otwierać	[ɔt'feratʃ]
ophouden (ww)	przestawać	[pʃɛs'tavatʃ]
opmerken (zien)	zauważać	[zau'vaʒatʃ]

opscheppen (ww)	chwalić się	['hfalitʃ ɕɛ̃]
opschrijven (ww)	zapisywać	[zapi'sivatʃ]
plannen (ww)	planować	[pʎa'nɔvatʃ]
prefereren (verkiezen)	woleć	['vɔletʃ]
proberen (trachten)	próbować	[pru'bɔvatʃ]
redden (ww)	ratować	[ra'tɔvatʃ]

rekenen op ...	liczyć na ...	['litʃitʃ na]
rennen (ww)	biec	[bets]
reserveren (een hotelkamer ~)	rezerwować	[rɛzɛr'vɔvatʃ]
roepen (om hulp)	wołać	['vɔwatʃ]

schieten (ww)	strzelać	['stʃɛʎatʃ]
schreeuwen (ww)	krzyczeć	['kʃitʃɛtʃ]

schrijven (ww)	pisać	['pisatʃ]
souperen (ww)	jeść kolację	[eɕtʃ kɔ'ʎatsʰɛ̃]
spelen (kinderen)	grać	[gratʃ]
spreken (ww)	rozmawiać	[rɔz'mavʲatʃ]

stelen (ww)	kraść	[kraɕtʃ]
stoppen (pauzeren)	zatrzymywać się	[zatʃi'mivatʃ ɕɛ̃]

studeren (Nederlands ~)	studiować	[studʰ'ɜvatʃ]
sturen (zenden)	wysyłać	[vi'siwatʃ]
tellen (optellen)	liczyć	['litʃitʃ]
toebehoren ...	należeć	[na'leʒɛtʃ]

toestaan (ww)	zezwalać	[zɛz'vaʎatʃ]
tonen (ww)	pokazywać	[pɔka'zivatʃ]

twijfelen (onzeker zijn)	wątpić	['võtpitʃ]
uitgaan (ww)	wychodzić	[vi'hɔdʒitʃ]
uitnodigen (ww)	zapraszać	[zap'raʃatʃ]
uitspreken (ww)	wymawiać	[vi'mavʲatʃ]
uitvaren tegen (ww)	besztać	['bɛʃtatʃ]

13. De belangrijkste werkwoorden. Deel 4

vallen (ww)	spadać	['spadatʃ]
vangen (ww)	łowić	['wovitʃ]
veranderen (anders maken)	zmienić	['zmenitʃ]
verbaasd zijn (ww)	dziwić się	['dʑivitʃ ɕɛ̃]
verbergen (ww)	chować	['hovatʃ]
verdedigen (je land ~)	bronić	['bronitʃ]
verenigen (ww)	łączyć	['wɔ̃tʃɨtʃ]
vergelijken (ww)	porównywać	[pɔruv'nɨvatʃ]
vergeten (ww)	zapominać	[zapɔ'minatʃ]
vergeven (ww)	przebaczać	[pʃɛ'batʃatʃ]
verklaren (uitleggen)	objaśniać	[ɔbʰ'jaɕɲatʃ]
verkopen (per stuk ~)	sprzedawać	[spʃɛ'davatʃ]
vermelden (praten over)	wspominać	[fspɔ'minatʃ]
versieren (decoreren)	ozdabiać	[ɔz'dabʲatʃ]
vertalen (ww)	tłumaczyć	[twu'matʃɨtʃ]
vertrouwen (ww)	ufać	['ufatʃ]
vervolgen (ww)	kontynuować	[kɔntinu'ɔvatʃ]
verwarren (met elkaar ~)	mylić	['mɨlitʃ]
verzoeken (ww)	prosić	['prɔɕitʃ]
verzuimen (school, enz.)	opuszczać	[ɔ'puʃtʃatʃ]
vinden (ww)	znajdować	[znaj'dɔvatʃ]
vliegen (ww)	lecieć	['letʃetʃ]
volgen (ww)	podążać	[pɔ'dɔ̃ʒatʃ]
voorstellen (ww)	proponować	[prɔpɔ'novatʃ]
voorzien (verwachten)	przewidzieć	[pʃɛ'vidʑetʃ]
vragen (ww)	pytać	['pɨtatʃ]
waarnemen (ww)	obserwować	[ɔbsɛr'vovatʃ]
waarschuwen (ww)	ostrzegać	[ɔst'ʃɛgatʃ]
wachten (ww)	czekać	['tʃɛkatʃ]
weerspreken (ww)	sprzeciwiać się	[spʃɛ'tʃivʲatʃ ɕɛ̃]
weigeren (ww)	odmawiać	[ɔd'mavʲatʃ]
werken (ww)	pracować	[pra'tsovatʃ]
weten (ww)	wiedzieć	['vedʑetʃ]
willen (verlangen)	chcieć	[htʃetʃ]
zeggen (ww)	powiedzieć	[pɔ'vedʑetʃ]
zich haasten (ww)	śpieszyć się	['ɕpeʃɨtʃ ɕɛ̃]
zich interesseren voor ...	interesować się	[intɛrɛ'sovatʃ ɕɛ̃]
zich vergissen (ww)	mylić się	['mɨlitʃ ɕɛ̃]
zich verontschuldigen	przepraszać	[pʃɛp'raʃatʃ]
zien (ww)	widzieć	['vidʑetʃ]
zijn (ww)	być	[bɨtʃ]
zoeken (ww)	szukać	['ʃukatʃ]
zwemmen (ww)	pływać	['pwɨvatʃ]
zwijgen (ww)	milczeć	['miʎtʃɛtʃ]

14. Kleuren

kleur (de)	kolor (m)	[ˈkɔlɜr]
tint (de)	odcień (m)	[ˈɔtɕeɲ]
kleurnuance (de)	ton (m)	[tɔn]
regenboog (de)	tęcza (ż)	[ˈtɛntʃa]
wit (bn)	biały	[ˈbʲawɨ]
zwart (bn)	czarny	[ˈtʃarnɨ]
grijs (bn)	szary	[ˈʃarɨ]
groen (bn)	zielony	[ʒeˈlɜnɨ]
geel (bn)	żółty	[ˈʒuwtɨ]
rood (bn)	czerwony	[tʃɛrˈvɔnɨ]
blauw (bn)	ciemny niebieski	[ˈtʃɛmnɨ neˈbeski]
lichtblauw (bn)	niebieski	[neˈbeski]
roze (bn)	różowy	[ruˈʒɔvɨ]
oranje (bn)	pomarańczowy	[pɔmaraɲtˈʃɔvɨ]
violet (bn)	fioletowy	[fʰɔleˈtɔvɨ]
bruin (bn)	brązowy	[brɔ̃ˈzɔvɨ]
goud (bn)	złoty	[ˈzwɔtɨ]
zilverkleurig (bn)	srebrzysty	[srɛbˈʒɨstɨ]
beige (bn)	beżowy	[bɛˈʒɔvɨ]
roomkleurig (bn)	kremowy	[krɛˈmɔvɨ]
turkoois (bn)	turkusowy	[turkuˈsɔvɨ]
kersrood (bn)	wiśniowy	[viɕˈnɔvɨ]
lila (bn)	liliowy	[liˈʎjɔvɨ]
karmijnrood (bn)	malinowy	[maliˈnɔvɨ]
licht (bn)	jasny	[ˈjasnɨ]
donker (bn)	ciemny	[ˈtʃemnɨ]
fel (bn)	jasny	[ˈjasnɨ]
kleur-, kleurig (bn)	kolorowy	[kɔlɜˈrɔvɨ]
kleuren- (abn)	kolorowy	[kɔlɜˈrɔvɨ]
zwart-wit (bn)	czarno-biały	[ˈtʃarnɔ ˈbʲawɨ]
eenkleurig (bn)	jednokolorowy	[ˈednɔkɔlɜˈrɔvɨ]
veelkleurig (bn)	różnokolorowy	[ˈruʒnɔkɔlɜˈrɔvɨ]

15. Vragen

Wie?	Kto?	[ktɔ]
Wat?	Co?	[tsɔ]
Waar?	Gdzie?	[gdʒe]
Waarheen?	Dokąd?	[ˈdɔkɔ̃t]
Waar ... vandaan?	Skąd?	[skɔ̃t]
Wanneer?	Kiedy?	[ˈkedɨ]
Waarom?	Dlaczego?	[dʎatˈʃegɔ]
Waarom?	Czemu?	[ˈtʃɛmu]
Waarvoor dan ook?	Do czego?	[dɔ ˈtʃegɔ]

Hoe?	Jak?	[jak]
Wat voor ...?	Jaki?	['jaki]
Welk?	Który?	['kturi]

Over wie?	O kim?	['ɔ kim]
Waarover?	O czym?	['ɔ tʃim]
Met wie?	Z kim?	[s kim]

Hoeveel?	Ile?	['ile]
Van wie? (mann.)	Czyj?	[tʃij]

16. Voorzetsels

met (bijv. ~ beleg)	z	[z]
zonder (~ accent)	bez	[bɛz]
naar (in de richting van)	do	[dɔ]
over (praten ~)	o	[ɔ]
voor (in tijd)	przed	[pʃɛt]
voor (aan de voorkant)	przed	[pʃɛt]
onder (lager dan)	pod	[pɔt]
boven (hoger dan)	nad	[nat]
op (bovenop)	na	[na]
van (uit, afkomstig van)	z ... , ze ...	[z], [zɛ]
van (gemaakt van)	z ... , ze ...	[z], [zɛ]
over (bijv. ~ een uur)	za	[za]
over (over de bovenkant)	przez	[pʃɛs]

17. Functiewoorden. Bijwoorden. Deel 1

Waar?	Gdzie?	[gdʒe]
hier (bw)	tu	[tu]
daar (bw)	tam	[tam]

ergens (bw)	gdzieś	[gdʒeɕ]
nergens (bw)	nigdzie	['nigdʒe]

bij ... (in de buurt)	koło, przy	['kɔwɔ], [pʃi]
bij het raam	przy oknie	[pʃi 'ɔkne]

Waarheen?	Dokąd?	['dɔkɔ̃t]
hierheen (bw)	tutaj	['tutaj]
daarheen (bw)	tam	[tam]
hiervandaan (bw)	stąd	[stɔ̃t]
daarvandaan (bw)	stamtąd	['stamtɔ̃t]

dichtbij (bw)	blisko	['bliskɔ]
ver (bw)	daleko	[da'lɛkɔ]

in de buurt (van ...)	koło	['kɔwɔ]
vlakbij (bw)	obok	['ɔbɔk]

T&P Books. Thematische woordenschat Nederlands-Pools - 5000 woorden

niet ver (bw)	niedaleko	[nedaˈlekɔ]
linker (bn)	lewy	[ˈlevɨ]
links (bw)	z lewej	[z ˈlevɛj]
linksaf, naar links (bw)	w lewo	[v ˈlevɔ]

rechter (bn)	prawy	[ˈpravɨ]
rechts (bw)	z prawej	[s ˈpravɛj]
rechtsaf, naar rechts (bw)	w prawo	[f ˈpravɔ]

vooraan (bw)	z przodu	[s ˈpʃɔdu]
voorste (bn)	przedni	[ˈpʃɛdni]
vooruit (bw)	naprzód	[ˈnapʃut]

achter (bw)	z tyłu	[s ˈtɨwu]
van achteren (bw)	od tyłu	[ɔt ˈtɨwu]
achteruit (naar achteren)	do tyłu	[dɔ ˈtɨwu]

| midden (het) | środek (m) | [ˈɕrɔdɛk] |
| in het midden (bw) | w środku | [f ˈɕrɔdku] |

opzij (bw)	z boku	[z ˈbɔku]
overal (bw)	wszędzie	[ˈfʃɛdʑe]
omheen (bw)	dookoła	[dɔːˈkɔwa]

binnenuit (bw)	z wewnątrz	[z ˈvɛvnɔ̃tʃ]
naar ergens (bw)	dokądś	[ˈdɔkɔ̃tɕ]
rechtdoor (bw)	na wprost	[ˈna fprɔst]
terug (bijv. ~ komen)	z powrotem	[s pɔvˈrɔtɛm]

ergens vandaan (bw)	skądkolwiek	[skɔ̃tˈkɔʎvek]
ergens vandaan	skądś	[skɔ̃tɕ]
(en dit geld moet ~ komen)		

ten eerste (bw)	po pierwsze	[pɔ ˈperfʃɛ]
ten tweede (bw)	po drugie	[pɔ ˈdruge]
ten derde (bw)	po trzecie	[pɔ ˈtʃɛtʃe]

plotseling (bw)	nagle	[ˈnagle]
in het begin (bw)	na początku	[na pɔtˈʃɔ̃tku]
voor de eerste keer (bw)	po raz pierwszy	[pɔ ras ˈperfʃɨ]
lang voor ... (bw)	na długo przed ...	[na ˈdwugɔ pʃɛt]
opnieuw (bw)	od nowa	[ɔd ˈnɔva]
voor eeuwig (bw)	na zawsze	[na ˈzafʃɛ]

nooit (bw)	nigdy	[ˈnigdɨ]
weer (bw)	znowu	[ˈznɔvu]
nu (bw)	teraz	[ˈtɛras]
vaak (bw)	często	[ˈtʃenstɔ]
toen (bw)	wtedy	[ˈftɛdɨ]
urgent (bw)	pilnie	[ˈpiʎne]
meestal (bw)	zwykle	[ˈzvɨkle]

trouwens, ...	a propos	[a prɔˈpɔ]
(tussen haakjes)		
mogelijk (bw)	może, możliwe	[ˈmɔʒɛ], [mɔʒˈlivɛ]
waarschijnlijk (bw)	prawdopodobnie	[pravdɔpɔˈdɔbne]

23

misschien (bw)	być może	[bitʃ 'mɔʒɛ]
trouwens (bw)	poza tym	[pɔ'za tim]
daarom ...	dlatego	[dʎa'tɛgɔ]
in weerwil van ...	mimo że ...	['mimɔ ʒɛ]
dankzij ...	dzięki	['dʒĕki]

wat (vn)	co	[tsɔ]
dat (vw)	że	[ʒɛ]
iets (vn)	coś	[tsɔɕ]
iets	cokolwiek	[tsɔ'kɔʎvek]
niets (vn)	nic	[nits]

wie (~ is daar?)	kto	[ktɔ]
iemand (een onbekende)	ktoś	[ktɔɕ]
iemand (een bepaald persoon)	ktokolwiek	[ktɔ'kɔʎvek]

niemand (vn)	nikt	[nikt]
nergens (bw)	nigdzie	['nigdʒe]
niemands (bn)	niczyj	['nitʃij]
iemands (bn)	czyjkolwiek	[tʃij'kɔʎvek]

zo (Ik ben ~ blij)	tak	[tak]
ook (evenals)	także	['tagʒɛ]
alsook (eveneens)	też	[tɛʃ]

18. Functiewoorden. Bijwoorden. Deel 2

Waarom?	Dlaczego?	[dʎat'ʃɛgɔ]
om een bepaalde reden	z jakiegoś powodu	[z ja'kegɔɕ pɔ'vɔdu]
omdat ...	dlatego, że ...	[dla'tɛgɔ], [ʒɛ]
voor een bepaald doel	po coś	['pɔ tsɔɕ]

en (vw)	i	[i]
of (vw)	albo	['aʎbɔ]
maar (vw)	ale	['ale]
voor (vz)	dla	[dʎa]

te (~ veel mensen)	zbyt	[zbit]
alleen (bw)	tylko	['tiʎkɔ]
precies (bw)	dokładnie	[dɔk'wadne]
ongeveer (~ 10 kg)	około	[ɔ'kɔwɔ]

omstreeks (bw)	w przybliżeniu	[f pʃibli'ʒɛny]
bij benadering (bn)	przybliżony	[pʃibli'ʒɔni]
bijna (bw)	prawie	[prave]
rest (de)	reszta (ż)	['rɛʃta]

elk (bn)	każdy	['kaʒdi]
om het even welk	jakikolwiek	[jaki'kɔʎvjek]
veel (grote hoeveelheid)	dużo	['duʒɔ]
veel mensen	wiele	['vele]
iedereen (alle personen)	wszystkie	['fʃistke]
in ruil voor ...	w zamian za ...	[v 'zamʲan za]

in ruil (bw)	zamiast	['zamjast]
met de hand (bw)	ręcznie	['rɛntʃne]
onwaarschijnlijk (bw)	ledwo, prawie	['ledvɔ], ['pravje]
waarschijnlijk (bw)	prawdopodobnie	[pravdɔpɔ'dɔbne]
met opzet (bw)	celowo	[tsɛ'lɔvɔ]
toevallig (bw)	przypadkiem	[pʃi'patkem]
zeer (bw)	bardzo	['bardzɔ]
bijvoorbeeld (bw)	na przykład	[na 'pʃikwat]
tussen (~ twee steden)	między	['mendzi]
tussen (te midden van)	wśród	[fɕrut]
zoveel (bw)	aż tyle	[aʒ 'tile]
vooral (bw)	szczególnie	[ʃtʃɛ'guʎne]

Basisbegrippen Deel 2

19. Dagen van de week

maandag (de)	poniedziałek (m)	[pɔne'dʑ¦awɛk]
dinsdag (de)	wtorek (m)	['ftɔrɛk]
woensdag (de)	środa (ż)	['ɕrɔda]
donderdag (de)	czwartek (m)	['tʃfartɛk]
vrijdag (de)	piątek (m)	[põtɛk]
zaterdag (de)	sobota (ż)	[sɔ'bɔta]
zondag (de)	niedziela (ż)	[ne'dʑeʎa]
vandaag (bw)	dzisiaj	['dʑiɕaj]
morgen (bw)	jutro	['jutrɔ]
overmorgen (bw)	pojutrze	[pɔ'jutʃɛ]
gisteren (bw)	wczoraj	['ftʃɔraj]
eergisteren (bw)	przedwczoraj	[pʃɛtft'ʃɔraj]
dag (de)	dzień (m)	[dʑeɲ]
werkdag (de)	dzień (m) roboczy	[dʑeɲ rɔ'bɔtʃi]
feestdag (de)	dzień (m) świąteczny	[dʑeɲ ɕfɔ̃'tɛtʃni]
verlofdag (de)	dzień (m) wolny	[dʑeɲ 'vɔʎnɨ]
weekend (het)	weekend (m)	[u'ikɛnt]
de hele dag (bw)	cały dzień	['tsawɨ dʑeɲ]
de volgende dag (bw)	następnego dnia	[nastɛ̃p'nɛgɔ dɲa]
twee dagen geleden	dwa dni temu	[dva dni 'tɛmu]
aan de vooravond (bw)	w przeddzień	[f 'pʃɛddʑeɲ]
dag-, dagelijks (bn)	codzienny	[tsɔ'dʑeɲi]
elke dag (bw)	codziennie	[tsɔ'dʑeɲe]
week (de)	tydzień (m)	['tɨdʑeɲ]
vorige week (bw)	w zeszłym tygodniu	[v 'zɛʃwɨm tɨ'gɔdnɨ]
volgende week (bw)	w następnym tygodniu	[v nas'tɛ̃pnɨm tɨ'gɔdnɨ]
wekelijks (bn)	tygodniowy	[tɨgɔd'nɔvɨ]
elke week (bw)	co tydzień	[tsɔ tɨ'dʑɛɲ]
twee keer per week	dwa razy w tygodniu	[dva 'razɨ v tɨ'gɔdnɨ]
elke dinsdag	co wtorek	[tsɔ 'ftɔrek]

20. Uren. Dag en nacht

morgen (de)	ranek (m)	['ranɛk]
's morgens (bw)	rano	['ranɔ]
middag (de)	południe (n)	[pɔ'wudne]
's middags (bw)	po południu	[pɔ pɔ'wudnɨ]
avond (de)	wieczór (m)	['vetʃur]
's avonds (bw)	wieczorem	[vet'ʃɔrɛm]

nacht (de)	noc (ż)	[nɔts]
's nachts (bw)	w nocy	[v 'nɔtsi]
middernacht (de)	północ (ż)	['puwnɔts]
seconde (de)	sekunda (ż)	[sɛ'kunda]
minuut (de)	minuta (ż)	[mi'nuta]
uur (het)	godzina (ż)	[gɔ'dʑina]
halfuur (het)	pół godziny	[puw gɔ'dʑini]
kwartier (het)	kwadrans (m)	['kfadrans]
vijftien minuten	piętnaście minut	[pɛ̃t'naɕtɕe 'minut]
etmaal (het)	doba (ż)	['dɔba]
zonsopgang (de)	wschód (m) słońca	[fshut 'swɔɲtsa]
dageraad (de)	świt (m)	[ɕfit]
vroege morgen (de)	wczesny ranek (m)	['ftʃɛsnɨ 'ranɛk]
zonsondergang (de)	zachód (m)	['zahut]
's morgens vroeg (bw)	wcześnie rano	['ftʃɛɕne 'ranɔ]
vanmorgen (bw)	dzisiaj rano	['dʑiɕaj 'ranɔ]
morgenochtend (bw)	jutro rano	['jutrɔ 'ranɔ]
vanmiddag (bw)	dzisiaj w dzień	['dʑiɕaj v dʑeɲ]
's middags (bw)	po południu	[pɔ pɔ'wudny]
morgenmiddag (bw)	jutro popołudniu	[jutrɔ pɔpɔ'wudny]
vanavond (bw)	dzisiaj wieczorem	[dʑiɕaj vet'ʃɔrɛm]
morgenavond (bw)	jutro wieczorem	['jutrɔ vet'ʃɔrɛm]
klokslag drie uur	równo o trzeciej	['ruvnɔ ɔ 'tʃɛtʃej]
ongeveer vier uur	około czwartej	[ɔ'kɔwɔ 'tʃfartɛj]
tegen twaalf uur	na dwunastą	[na dvu'nastɔ̃]
over twintig minuten	za dwadzieścia minut	[za dva'dʑeɕtʃa 'minut]
over een uur	za godzinę	[za gɔ'dʑinɛ̃]
op tijd (bw)	na czas	[na tʃas]
kwart voor ...	za kwadrans	[za 'kfadrans]
binnen een uur	w ciągu godziny	[f tʃɔ̃gu gɔ'dʑinɨ]
elk kwartier	co piętnaście minut	[tsɔ pɛ̃t'naɕtɕe 'minut]
de klok rond	całą dobę	['tsawɔ̃ 'dɔbɛ̃]

21. Maanden. Seizoenen

januari (de)	styczeń (m)	['stɨtʃɛɲ]
februari (de)	luty (m)	['lyti]
maart (de)	marzec (m)	['maʒɛts]
april (de)	kwiecień (m)	['kfetʃeɲ]
mei (de)	maj (m)	[maj]
juni (de)	czerwiec (m)	['tʃɛrvets]
juli (de)	lipiec (m)	['lipets]
augustus (de)	sierpień (m)	['ɕerpeɲ]
september (de)	wrzesień (m)	['vʒɛɕeɲ]
oktober (de)	październik (m)	[paʑ'dʑernik]

november (de)	listopad (m)	[lisˈtɔpat]
december (de)	grudzień (m)	[ˈɡrudʒeɲ]
lente (de)	wiosna (ż)	[ˈvɔsna]
in de lente (bw)	wiosną	[ˈvɔsnɔ̃]
lente- (abn)	wiosenny	[vɔˈsɛɲi]
zomer (de)	lato (n)	[ˈʎatɔ]
in de zomer (bw)	latem	[ˈʎatɛm]
zomer-, zomers (bn)	letni	[ˈletni]
herfst (de)	jesień (ż)	[ˈeɕeɲ]
in de herfst (bw)	jesienią	[eˈɕenɔ̃]
herfst- (abn)	jesienny	[eˈɕeɲi]
winter (de)	zima (ż)	[ˈʒima]
in de winter (bw)	zimą	[ˈʒimɔ̃]
winter- (abn)	zimowy	[ʒiˈmɔvi]
maand (de)	miesiąc (m)	[ˈmeɕɔ̃ts]
deze maand (bw)	w tym miesiącu	[f tim meˈɕɔ̃tsu]
volgende maand (bw)	w przyszłym miesiącu	[v ˈpʃisʃwim meˈɕɔ̃tsu]
vorige maand (bw)	w zeszłym miesiącu	[v ˈzɛʃwim meˈɕɔ̃tsu]
een maand geleden (bw)	miesiąc temu	[ˈmeɕɔ̃ts ˈtɛmu]
over een maand (bw)	za miesiąc	[za ˈmeɕɔ̃ts]
over twee maanden (bw)	za dwa miesiące	[za dva meˈɕɔ̃tse]
de hele maand (bw)	przez cały miesiąc	[pʃɛs ˈtsawɨ ˈmeɕɔ̃ts]
een volle maand (bw)	cały miesiąc	[ˈtsawɨ ˈmeɕɔ̃ts]
maand-, maandelijks (bn)	comiesięczny	[tsɔmeˈɕentʃni]
maandelijks (bw)	comiesięcznie	[tsɔmeˈɕentʃne]
elke maand (bw)	co miesiąc	[tsɔ ˈmeɕɔ̃ts]
twee keer per maand	dwa razy w miesiącu	[dva ˈrazi v meɕɔ̃tsu]
jaar (het)	rok (m)	[rɔk]
dit jaar (bw)	w tym roku	[f tim ˈrɔku]
volgend jaar (bw)	w przyszłym roku	[v ˈpʃisʃwim ˈrɔku]
vorig jaar (bw)	w zeszłym roku	[v ˈzɛʃwim ˈrɔku]
een jaar geleden (bw)	rok temu	[rɔk ˈtɛmu]
over een jaar	za rok	[za rɔk]
over twee jaar	za dwa lata	[za dva ˈʎata]
het hele jaar	cały rok	[ˈtsawɨ rɔk]
een vol jaar	cały rok	[ˈtsawɨ rɔk]
elk jaar	co roku	[tsɔ ˈrɔku]
jaar-, jaarlijks (bn)	coroczny	[tsɔˈrɔtʃni]
jaarlijks (bw)	corocznie	[tsɔˈrɔtʃne]
4 keer per jaar	cztery razy w roku	[ˈtʃtɛri ˈrazi v ˈrɔku]
datum (de)	data (ż)	[ˈdata]
datum (de)	data (ż)	[ˈdata]
kalender (de)	kalendarz (m)	[kaˈlendaʃ]
een half jaar	pół roku	[puw ˈrɔku]
zes maanden	półrocze (n)	[puwˈrɔtʃɛ]

| seizoen (bijv. lente, zomer) | sezon (m) | ['sɛzɔn] |
| eeuw (de) | wiek (m) | [vek] |

22. Meeteenheden

gewicht (het)	ciężar (m)	['tʃenʒar]
lengte (de)	długość (ż)	['dwugɔɕtʃ]
breedte (de)	szerokość (ż)	[ʃɛ'rɔkɔɕtʃ]
hoogte (de)	wysokość (ż)	[vɨ'sɔkɔɕtʃ]
diepte (de)	głębokość (ż)	[gwɛ̃'bɔkɔɕtʃ]
volume (het)	objętość (ż)	[ɔbʰ'entɔɕtʃ]
oppervlakte (de)	powierzchnia (ż)	[pɔ'veʃhɲa]

gram (het)	gram (m)	[gram]
milligram (het)	miligram (m)	[mi'ligram]
kilogram (het)	kilogram (m)	[ki'lɜgram]
ton (duizend kilo)	tona (ż)	['tɔna]
pond (het)	funt (m)	[funt]
ons (het)	uncja (ż)	['unʦʰja]

meter (de)	metr (m)	[mɛtr]
millimeter (de)	milimetr (m)	[mi'limɛtr]
centimeter (de)	centymetr (m)	[ʦɛn'tɨmɛtr]
kilometer (de)	kilometr (m)	[ki'lɜmɛtr]
mijl (de)	mila (ż)	['miʎa]

duim (de)	cal (m)	[ʦaʎ]
voet (de)	stopa (ż)	['stɔpa]
yard (de)	jard (m)	['jart]

vierkante meter (de)	metr (m) kwadratowy	[mɛtr kfadra'tɔvɨ]
hectare (de)	hektar (m)	['hɛktar]

liter (de)	litr (m)	[litr]
graad (de)	stopień (m)	['stɔpeɲ]
volt (de)	wolt (m)	[vɔʎt]
ampère (de)	amper (m)	[am'pɛr]
paardenkracht (de)	koń (m) mechaniczny	[kɔɲ mɛha'nitʃni]

hoeveelheid (de)	ilość (ż)	['ilɜɕtʃ]
een beetje ...	niedużo ...	[ne'duʒɔ]
helft (de)	połowa (ż)	[pɔ'wɔva]

dozijn (het)	tuzin (m)	['tuʒin]
stuk (het)	sztuka (ż)	['ʃtuka]

afmeting (de)	rozmiar (m)	['rɔzmʲar]
schaal (bijv. ~ van 1 op 50)	skala (ż)	['skaʎa]

minimaal (bn)	minimalny	[mini'maʎnɨ]
minste (bn)	najmniejszy	[najm'nejʃɨ]
medium (bn)	średni	['ɕrɛdni]
maximaal (bn)	maksymalny	[maksɨ'maʎnɨ]
grootste (bn)	największy	[naj'veŋkʃɨ]

23. Containers

glazen pot (de)	słoik (m)	['swɔik]
blik (conserven~)	puszka (ż)	['puʃka]
emmer (de)	wiadro (n)	['vʲadrɔ]
ton (bijv. regenton)	beczka (ż)	['bɛtʃka]
ronde waterbak (de)	miednica (ż)	[med'nitsa]
tank (bijv. watertank-70-ltr)	zbiornik (m)	['zbɔrnik]
heupfles (de)	piersiówka (ż)	[per'ɕyvka]
jerrycan (de)	kanister (m)	[ka'nistɛr]
tank (bijv. ketelwagen)	cysterna (ż)	[tsis'tɛrna]
beker (de)	kubek (m)	['kubɛk]
kopje (het)	filiżanka (ż)	[fili'ʒaŋka]
schoteltje (het)	spodek (m)	['spɔdɛk]
glas (het)	szklanka (ż)	['ʃkʎaŋka]
wijnglas (het)	kielich (m)	['kelih]
steelpan (de)	garnek (m)	['garnɛk]
fles (de)	butelka (ż)	[bu'tɛʎka]
flessenhals (de)	szyjka (ż)	['ʃijka]
karaf (de)	karafka (ż)	[ka'rafka]
kruik (de)	dzbanek (m)	['dzbanɛk]
vat (het)	naczynie (n)	[nat'ʃine]
pot (de)	garnek (m)	['garnɛk]
vaas (de)	wazon (m)	['vazɔn]
flacon (de)	flakon (m)	[fʎa'kɔn]
flesje (het)	fiolka (ż)	[fʰɔʎka]
tube (bijv. ~ tandpasta)	tubka (ż)	['tupka]
zak (bijv. ~ aardappelen)	worek (m)	['vɔrɛk]
tasje (het)	torba (ż)	['tɔrba]
pakje (~ sigaretten, enz.)	paczka (ż)	['patʃka]
doos (de)	pudełko (n)	[pu'dɛwkɔ]
kist (de)	skrzynka (ż)	['skʃiŋka]
mand (de)	koszyk (m)	['kɔʃik]

MENS

Mens. Het lichaam

24. Hoofd

hoofd (het)	głowa (ż)	['gwɔva]
gezicht (het)	twarz (ż)	[tfaʃ]
neus (de)	nos (m)	[nɔs]
mond (de)	usta (l.mn.)	['usta]

oog (het)	oko (n)	['ɔkɔ]
ogen (mv.)	oczy (l.mn.)	['ɔtʃi]
pupil (de)	źrenica (ż)	[zʲre'nitsa]
wenkbrauw (de)	brew (ż)	[brɛf]
wimper (de)	rzęsy (l.mn.)	['ʒɛnsi]
ooglid (het)	powieka (ż)	[pɔ'veka]

tong (de)	język (m)	['enzik]
tand (de)	ząb (m)	[zɔ̃mp]
lippen (mv.)	wargi (l.mn.)	['vargi]
jukbeenderen (mv.)	kości (l.mn.) policzkowe	['kɔɕtʃi pɔlitʃ'kɔvɛ]
tandvlees (het)	dziąsło (n)	[dʒɔ̃swɔ]
gehemelte (het)	podniebienie (n)	[pɔdne'bene]

neusgaten (mv.)	nozdrza (l.mn.)	['nɔzdʒa]
kin (de)	podbródek (m)	[pɔdb'rudek]
kaak (de)	szczęka (ż)	['ʃtʃɛŋka]
wang (de)	policzek (m)	[pɔ'litʃɛk]

voorhoofd (het)	czoło (n)	['tʃɔwɔ]
slaap (de)	skroń (ż)	[skrɔɲ]
oor (het)	ucho (n)	['uhɔ]
achterhoofd (het)	potylica (ż)	[pɔti'litsa]
hals (de)	szyja (ż)	['ʃija]
keel (de)	gardło (n)	['gardwɔ]

haren (mv.)	włosy (l.mn.)	['vwɔsi]
kapsel (het)	fryzura (ż)	[fri'zura]
haarsnit (de)	uczesanie (n)	[utʃɛ'sane]
pruik (de)	peruka (ż)	[pɛ'ruka]

snor (de)	wąsy (l.mn.)	['vɔ̃si]
baard (de)	broda (ż)	['brɔda]
dragen (een baard, enz.)	nosić	['nɔɕitʃ]
vlecht (de)	warkocz (m)	['varkɔtʃ]
bakkebaarden (mv.)	baczki (l.mn.)	['batʃki]
ros (roodachtig, rossig)	rudy	['rudi]
grijs (~ haar)	siwy	['ɕivi]

kaal (bn)	łysy	['wisɨ]
kale plek (de)	łysina (ż)	[wɨ'ɕina]
paardenstaart (de)	koński ogon (m)	['kɔɲski 'ɔgɔn]
pony (de)	grzywka (ż)	['gʐɨfka]

25. Menselijk lichaam

hand (de)	dłoń (ż)	[dwɔɲ]
arm (de)	ręka (ż)	['rɛŋka]

vinger (de)	palec (m)	['palɛts]
duim (de)	kciuk (m)	['ktʃuk]
pink (de)	mały palec (m)	['mawɨ 'palɛts]
nagel (de)	paznokieć (m)	[paz'nɔkɛtɕ]

vuist (de)	pięść (ż)	[pɛ̃ɕtɕ]
handpalm (de)	dłoń (ż)	[dwɔɲ]
pols (de)	nadgarstek (m)	[nad'garstɛk]
voorarm (de)	przedramię (n)	[pʃɛd'ramɛ̃]
elleboog (de)	łokieć (n)	['wɔkɛtɕ]
schouder (de)	ramię (n)	['ramɛ̃]

been (rechter ~)	noga (ż)	['nɔga]
voet (de)	stopa (ż)	['stɔpa]
knie (de)	kolano (n)	[kɔ'ʎanɔ]
kuit (de)	łydka (ż)	['wɨtka]
heup (de)	biodro (n)	['bɔdrɔ]
hiel (de)	pięta (ż)	['pɛnta]

lichaam (het)	ciało (n)	['tɕawɔ]
buik (de)	brzuch (m)	[bʐuh]
borst (de)	pierś (ż)	[pɛrɕ]
borst (de)	piersi (l.mn.)	['pɛrɕi]
zijde (de)	bok (m)	[bɔk]
rug (de)	plecy (l.mn.)	['plɛtsɨ]
lage rug (de)	krzyż (m)	[kʃɨʃ]
taille (de)	talia (ż)	['taʎja]

navel (de)	pępek (m)	['pɛ̃pɛk]
billen (mv.)	pośladki (l.mn.)	[pɔɕ'ʎatki]
achterwerk (het)	tyłek (m)	['tɨwɛk]

huidvlek (de)	pieprzyk (m)	['pɛpʃɨk]
moedervlek (de)	znamię (n)	['znamɛ̃]
tatoeage (de)	tatuaż (m)	[ta'tuaʃ]
litteken (het)	blizna (ż)	['blizna]

Kleding en accessoires

26. Bovenkleding. Jassen

kleren (mv.), kleding (de)	odzież (ż)	['ɔdʑeʃ]
bovenkleding (de)	wierzchnie okrycie (n)	['veʃhne ɔk'ritʃe]
winterkleding (de)	odzież (ż) zimowa	['ɔdʑeʒ ʑi'mɔva]
jas (de)	palto (n)	['paʎtɔ]
bontjas (de)	futro (n)	['futrɔ]
bontjasje (het)	futro (n) krótkie	['futrɔ 'krɔtkɛ]
donzen jas (de)	kurtka (ż) puchowa	['kurtka pu'hɔva]
jasje (bijv. een leren ~)	kurtka (ż)	['kurtka]
regenjas (de)	płaszcz (m)	[pwaʃtʃ]
waterdicht (bn)	nieprzemakalny	[nepʃɛma'kaʎni]

27. Heren & dames kleding

overhemd (het)	koszula (ż)	[kɔ'ʃuʎa]
broek (de)	spodnie (l.mn.)	['spɔdne]
jeans (de)	dżinsy (l.mn.)	['dʑinsi]
colbert (de)	marynarka (ż)	[mari'narka]
kostuum (het)	garnitur (m)	[gar'nitur]
jurk (de)	sukienka (ż)	[su'keŋka]
rok (de)	spódnica (ż)	[spud'nitsa]
blouse (de)	bluzka (ż)	['blyska]
wollen vest (de)	sweterek (m)	[sfɛ'tɛrɛk]
blazer (kort jasje)	żakiet (m)	['ʒaket]
T-shirt (het)	koszulka (ż)	[kɔ'ʃuʎka]
shorts (mv.)	spodenki (l.mn.)	[spɔ'dɛŋki]
trainingspak (het)	dres (m)	[drɛs]
badjas (de)	szlafrok (m)	['ʃʎafrɔk]
pyjama (de)	pidżama (ż)	[pi'dʑama]
sweater (de)	sweter (m)	['sfɛtɛr]
pullover (de)	pulower (m)	[pu'lɔvɛr]
gilet (het)	kamizelka (ż)	[kami'zɛʎka]
rokkostuum (het)	frak (m)	[frak]
smoking (de)	smoking (m)	['smɔkiŋk]
uniform (het)	uniform (m)	[u'nifɔrm]
werkkleding (de)	ubranie (n) robocze	[ub'rane rɔ'bɔtʃɛ]
overall (de)	kombinezon (m)	[kɔmbi'nɛzɔn]
doktersjas (de)	kitel (m)	['kitɛʎ]

28. Kleding. Ondergoed

ondergoed (het)	bielizna (ż)	[be'lizna]
onderhemd (het)	podkoszulek (m)	[pɔtkɔ'ʃulek]
sokken (mv.)	skarpety (l.mn.)	[skar'pɛti]
nachthemd (het)	koszula (ż) nocna	[kɔ'ʃuʎa 'nɔtsna]
beha (de)	biustonosz (m)	[bys'tɔnɔʃ]
kniekousen (mv.)	podkolanówki (l.mn.)	[pɔdkɔʎa'nufki]
panty (de)	rajstopy (l.mn.)	[rajs'tɔpi]
nylonkousen (mv.)	pończochy (l.mn.)	[pɔɲt'ʃɔhi]
badpak (het)	kostium (m) kąpielowy	['kɔstʰjum kɔ̃pelɔvi]

29. Hoofddeksels

hoed (de)	czapka (ż)	['tʃapka]
deukhoed (de)	kapelusz (m) fedora	[ka'pɛlyʃ fɛ'dɔra]
honkbalpet (de)	bejsbolówka (ż)	[bɛjsbɔ'lyfka]
kleppet (de)	kaszkiet (m)	['kaʃket]
baret (de)	beret (m)	['bɛrɛt]
kap (de)	kaptur (m)	['kaptur]
panamahoed (de)	panama (ż)	[pa'nama]
hoofddoek (de)	chustka (ż)	['hustka]
dameshoed (de)	kapelusik (m)	[kapɛ'lyɕik]
veiligheidshelm (de)	kask (m)	[kask]
veldmuts (de)	furażerka (ż)	[fura'ʒɛrka]
helm, valhelm (de)	hełm (m)	[hɛwm]
bolhoed (de)	melonik (m)	[mɛ'lɔnik]
hoge hoed (de)	cylinder (m)	[tsi'lindɛr]

30. Schoeisel

schoeisel (het)	obuwie (n)	[ɔ'buve]
schoenen (mv.)	buty (l.mn.)	['buti]
vrouwenschoenen (mv.)	pantofle (l.mn.)	[pan'tɔfle]
laarzen (mv.)	kozaki (l.mn.)	[kɔ'zaki]
pantoffels (mv.)	kapcie (l.mn.)	['kaptɕe]
sportschoenen (mv.)	adidasy (l.mn.)	[adi'dasi]
sneakers (mv.)	tenisówki (l.mn.)	[tɛni'sufki]
sandalen (mv.)	sandały (l.mn.)	[san'dawi]
schoenlapper (de)	szewc (m)	[ʃɛfts]
hiel (de)	obcas (m)	['ɔbtsas]
paar (een ~ schoenen)	para (ż)	['para]
veter (de)	sznurowadło (n)	[ʃnurɔ'vadwɔ]
rijgen (schoenen ~)	sznurować	[ʃnu'rɔvatʃ]

schoenlepel (de)	łyżka (ż) do butów	['wiʒka dɔ 'butuf]
schoensmeer (de/het)	pasta (ż) do butów	['pasta dɔ 'butuf]

31. Persoonlijke accessoires

handschoenen (mv.)	rękawiczki (l.mn.)	[rěka'vitʃki]
wanten (mv.)	rękawiczki (l.mn.)	[rěka'vitʃki]
sjaal (fleece ~)	szalik (m)	['ʃalik]

bril (de)	okulary (l.mn.)	[ɔku'ʎarɨ]
brilmontuur (het)	oprawka (ż)	[ɔp'rafka]
paraplu (de)	parasol (m)	[pa'rasɔʎ]
wandelstok (de)	laska (ż)	['ʎaska]
haarborstel (de)	szczotka (ż) do włosów	['ʃtʃotka dɔ 'vwɔsuv]
waaier (de)	wachlarz (m)	['vahʎaʃ]

das (de)	krawat (m)	['kravat]
strikje (het)	muszka (ż)	['muʃka]
bretels (mv.)	szelki (l.mn.)	['ʃɛʎki]
zakdoek (de)	chusteczka (ż) do nosa	[hus'tɛtʃka dɔ 'nɔsa]

kam (de)	grzebień (m)	['gʒɛbeɲ]
haarspeldje (het)	spinka (ż)	['spiŋka]
schuifspeldje (het)	szpilka (ż)	['ʃpiʎka]
gesp (de)	sprzączka (ż)	['spʃɔ̃tʃka]

broekriem (de)	pasek (m)	['pasɛk]
draagriem (de)	pasek (m)	['pasɛk]

handtas (de)	torba (ż)	['tɔrba]
damestas (de)	torebka (ż)	[tɔ'rɛpka]
rugzak (de)	plecak (m)	['pletsak]

32. Kleding. Diversen

mode (de)	moda (ż)	['mɔda]
de mode (bn)	modny	['mɔdnɨ]
kledingstilist (de)	projektant (m) mody	[prɔ'ektant 'mɔdɨ]

kraag (de)	kołnierz (m)	['kɔwneʃ]
zak (de)	kieszeń (ż)	['keʃɛɲ]
zak- (abn)	kieszonkowy	[keʃɔ'ŋkɔvɨ]
mouw (de)	rękaw (m)	['rɛŋkaf]
lusje (het)	wieszak (m)	['veʃak]
gulp (de)	rozporek (m)	[rɔs'pɔrɛk]

rits (de)	zamek (m) błyskawiczny	['zamɛk bwiska'vitʃnɨ]
sluiting (de)	zapięcie (m)	[za'pɛ̃tɕe]
knoop (de)	guzik (m)	['guʑik]
knoopsgat (het)	dziurką (ż) na guzik	['dʒɨrka na gu'ʑik]
losraken (bijv. knopen)	urwać się	['urvatɕ ɕɛ̃]
naaien (kleren, enz.)	szyć	[ʃɨtʃ]

borduren (ww)	haftować	[hafˈtɔvatʃ]
borduursel (het)	haft (m)	[haft]
naald (de)	igła (ż)	[ˈigwa]
draad (de)	nitka (ż)	[ˈnitka]
naad (de)	szew (m)	[ʃɛf]

vies worden (ww)	wybrudzić się	[vibˈrudʒitʃ ɕɛ̃]
vlek (de)	plama (ż)	[ˈpʎama]
gekreukt raken (ov. kleren)	zmiąć się	[zmɔ̃ⁱtʃ ɕɛ̃]
scheuren (ov.ww.)	rozerwać	[rɔˈzɛrvatʃ]
mot (de)	mól (m)	[muʎ]

33. Persoonlijke verzorging. Schoonheidsmiddelen

tandpasta (de)	pasta (ż) do zębów	[ˈpasta dɔ ˈzɛ̃buf]
tandenborstel (de)	szczoteczka (ż) do zębów	[ʃtʃɔˈtɛtʃka dɔ ˈzɛ̃buf]
tanden poetsen (ww)	myć zęby	[mitʃ ˈzɛ̃bi]

scheermes (het)	maszynka (ż) do golenia	[maˈʃiŋka dɔ gɔˈlɛɲa]
scheerschuim (het)	krem (m) do golenia	[krɛm dɔ gɔˈlɛɲa]
zich scheren (ww)	golić się	[ˈgɔlitʃ ɕɛ̃]

| zeep (de) | mydło (n) | [ˈmidwɔ] |
| shampoo (de) | szampon (m) | [ˈʃampɔn] |

schaar (de)	nożyczki (l.mn.)	[nɔˈʒitʃki]
nagelvijl (de)	pilnik (m) do paznokci	[ˈpiʎnik dɔ pazˈnɔktʃi]
nagelknipper (de)	cążki (l.mn.) do paznokci	[ˈtsɔ̃ʃki dɔ pazˈnɔktʃi]
pincet (het)	pinceta (ż)	[pinˈtsɛta]

cosmetica (de)	kosmetyki (l.mn.)	[kɔsˈmɛtiki]
masker (het)	maseczka (ż)	[maˈsɛtʃka]
manicure (de)	manikiur (m)	[maˈnikyr]
manicure doen	robić manikiur	[ˈrɔbitʃ maˈnikyr]
pedicure (de)	pedikiur (m)	[pɛˈdikyr]

cosmetica tasje (het)	kosmetyczka (ż)	[kɔsmɛˈtitʃka]
poeder (de/het)	puder (m)	[ˈpudɛr]
poederdoos (de)	puderniczka (ż)	[pudɛrˈnitʃka]
rouge (de)	róż (m)	[ruʃ]

parfum (de/het)	perfumy (l.mn.)	[pɛrˈfumi]
eau de toilet (de)	woda (ż) toaletowa	[ˈvɔda tɔaleˈtɔva]
lotion (de)	płyn (m) kosmetyczny	[pwin kɔsmɛˈtitʃni]
eau de cologne (de)	woda (ż) kolońska	[ˈvɔda kɔˈlɔɲska]

oogschaduw (de)	cienie (l.mn.) do powiek	[ˈtʃene dɔ ˈpɔvek]
oogpotlood (het)	kredka (ż) do oczu	[ˈkrɛtka dɔ ˈɔtʃu]
mascara (de)	tusz (m) do rzęs	[tuʃ dɔ ʒɛ̃s]

lippenstift (de)	szminka (ż)	[ˈʃmiŋka]
nagellak (de)	lakier (m) do paznokci	[ˈʎaker dɔ pazˈnɔktʃi]
haarlak (de)	lakier (m) do włosów	[ˈʎaker dɔ ˈvwɔsuv]
deodorant (de)	dezodorant (m)	[dɛzɔˈdɔrant]

crème (de)	krem (m)	[krɛm]
gezichtscrème (de)	krem (m) do twarzy	[krɛm dɔ 'tfaʒi]
handcrème (de)	krem (m) do rąk	[krɛm dɔ rɔ̃k]
dag- (abn)	na dzień	['na dʑɛɲ]
nacht- (abn)	nocny	['nɔtsni]

tampon (de)	tampon (m)	['tampɔn]
toiletpapier (het)	papier (m) toaletowy	['paper tɔale'tɔvi]
föhn (de)	suszarka (ż) do włosów	[su'ʃarka dɔ 'vwɔsuv]

34. Horloges. Klokken

polshorloge (het)	zegarek (m)	[zɛ'garɛk]
wijzerplaat (de)	tarcza (ż) zegarowa	['tartʃa zɛga'rɔva]
wijzer (de)	wskazówka (ż)	[fska'zɔfka]
metalen horlogeband (de)	bransoleta (ż)	[bransɔ'leta]
horlogebandje (het)	pasek (m)	['pasɛk]

batterij (de)	bateria (ż)	[ba'tɛrʰja]
leeg zijn (ww)	wyczerpać się	[vi'tʃɛrpatʃ ɕɛ̃]
batterij vervangen	wymienić baterię	[vi'mʲenitʃ ba'tɛrʰɛ̃]
voorlopen (ww)	śpieszyć się	['ɕpeʃitʃ ɕɛ̃]
achterlopen (ww)	spóźnić się	['spuʑ'nitʃ ɕɛ̃]

wandklok (de)	zegar (m) ścienny	['zɛgar 'ɕtʃeɲi]
zandloper (de)	klepsydra (ż)	[klɛp'sidra]
zonnewijzer (de)	zegar (m) słoneczny	['zɛgar swɔ'nɛtʃni]
wekker (de)	budzik (m)	['budʑik]
horlogemaker (de)	zegarmistrz (m)	[zɛ'garmistʃ]
repareren (ww)	naprawiać	[nap'ravʲatʃ]

Voedsel. Voeding

35. Voedsel

vlees (het)	mięso (n)	['mensɔ]
kip (de)	kurczak (m)	['kurtʃak]
kuiken (het)	kurczak (m)	['kurtʃak]
eend (de)	kaczka (ż)	['katʃka]
gans (de)	gęś (ż)	[gɛ̃ɕ]
wild (het)	dziczyzna (ż)	[dʒit'ʃizna]
kalkoen (de)	indyk (m)	['indɨk]

varkensvlees (het)	wieprzowina (ż)	[vepʃɔ'vina]
kalfsvlees (het)	cielęcina (ż)	[tɕelɛ̃'tɕina]
schapenvlees (het)	baranina (ż)	[bara'nina]
rundvlees (het)	wołowina (ż)	[vɔwɔ'vina]
konijnenvlees (het)	królik (m)	['krulik]

worst (de)	kiełbasa (ż)	[kew'basa]
saucijs (de)	parówka (ż)	[pa'rufka]
spek (het)	boczek (m)	['bɔtʃɛk]
ham (de)	szynka (ż)	['ʃɨŋka]
gerookte achterham (de)	szynka (ż)	['ʃɨŋka]

paté, pastei (de)	pasztet (m)	['paʃtɛt]
lever (de)	wątróbka (ż)	[vɔ̃t'rupka]
varkensvet (het)	smalec (m)	['smalets]
gehakt (het)	farsz (m)	[farʃ]
tong (de)	ozór (m)	['ɔzur]

ei (het)	jajko (n)	['jajkɔ]
eieren (mv.)	jajka (l.mn.)	['jajka]
eiwit (het)	białko (n)	['bʲawkɔ]
eigeel (het)	żółtko (n)	['ʒuwtkɔ]

vis (de)	ryba (ż)	['rɨba]
zeevruchten (mv.)	owoce (l.mn.) morza	[ɔ'vɔtsɛ 'mɔʒa]
kaviaar (de)	kawior (m)	['kavɔr]

krab (de)	krab (m)	[krap]
garnaal (de)	krewetka (ż)	[krɛ'vɛtka]
oester (de)	ostryga (ż)	[ɔst'rɨga]
langoest (de)	langusta (ż)	[ʎa'ŋusta]
octopus (de)	ośmiornica (ż)	[ɔɕmʲɔr'nitsa]
inktvis (de)	kałamarnica (ż)	[kawamar'nitsa]

steur (de)	mięso (n) jesiotra	['mensɔ e'ɕɔtra]
zalm (de)	łosoś (m)	['wɔsɔɕ]
heilbot (de)	halibut (m)	[ha'libut]
kabeljauw (de)	dorsz (m)	[dɔrʃ]

makreel (de)	makrela (ż)	[mak'rɛla]
tonijn (de)	tuńczyk (m)	['tuɲtʃik]
paling (de)	węgorz (m)	['vɛŋɔʃ]
forel (de)	pstrąg (m)	[pstrɔ̃k]
sardine (de)	sardynka (ż)	[sar'dɨŋka]
snoek (de)	szczupak (m)	['ʃtʃupak]
haring (de)	śledź (m)	[ɕletɕ]
brood (het)	chleb (m)	[hlep]
kaas (de)	ser (m)	[sɛr]
suiker (de)	cukier (m)	['tsuker]
zout (het)	sól (ż)	[suʎ]
rijst (de)	ryż (m)	[riʃ]
pasta (de)	makaron (m)	[ma'karɔn]
noedels (mv.)	makaron (m)	[ma'karɔn]
boter (de)	masło (n) śmietankowe	['maswɔ ɕmeta'ŋkɔvɛ]
plantaardige olie (de)	olej (m) roślinny	['ɔlej rɔɕliɲɨ]
zonnebloemolie (de)	olej (m) słonecznikowy	['ɔlej swɔnɛtʃnikɔvɨ]
margarine (de)	margaryna (ż)	[marga'rɨna]
olijven (mv.)	oliwki (ż, l.mn.)	[ɔ'lifki]
olijfolie (de)	olej (m) oliwkowy	['ɔlej ɔlif'kɔvɨ]
melk (de)	mleko (n)	['mlekɔ]
gecondenseerde melk (de)	mleko (n) skondensowane	['mlekɔ skɔndɛnsɔ'vanɛ]
yoghurt (de)	jogurt (m)	[ʒgurt]
zure room (de)	śmietana (ż)	[ɕme'tana]
room (de)	śmietanka (ż)	[ɕme'taŋka]
mayonaise (de)	majonez (m)	[maɔnɛs]
crème (de)	krem (m)	[krɛm]
graan (het)	kasza (ż)	['kaʃa]
meel (het), bloem (de)	mąka (ż)	['mɔ̃ka]
conserven (mv.)	konserwy (l.mn.)	[kɔn'sɛrvɨ]
maïsvlokken (mv.)	płatki (l.mn.) kukurydziane	['pwatki kukurɨ'dʑanɛ]
honing (de)	miód (m)	[myt]
jam (de)	dżem (m)	[dʒɛm]
kauwgom (de)	guma (ż) do żucia	['guma dɔ 'ʒutɕʲa]

36. Drankjes

water (het)	woda (ż)	['vɔda]
drinkwater (het)	woda (ż) pitna	['vɔda 'pitna]
mineraalwater (het)	woda (ż) mineralna	['vɔda minɛ'raʎna]
zonder gas	niegazowana	[nega'zɔvana]
koolzuurhoudend (bn)	gazowana	[ga'zɔvana]
bruisend (bn)	gazowana	[ga'zɔvana]
IJs (het)	lód (m)	[lyt]

met ijs	z lodem	[z 'lɔdɛm]
alcohol vrij (bn)	bezalkoholowy	[bɛzaʎkɔhɔ'lɔvɨ]
alcohol vrije drank (de)	napój (m) bezalkoholowy	['napuj bɛzalkɔhɔ'lɔvɨ]
frisdrank (de)	napój (m) orzeźwiający	['napuj ɔʒɛʑˈvjaɔ̃tsi]
limonade (de)	lemoniada (ż)	[lemɔ'njada]

alcoholische dranken (mv.)	napoje (l.mn.) alkoholowe	[na'pɔe aʎkɔhɔ'lɔvɛ]
wijn (de)	wino (n)	['vinɔ]
witte wijn (de)	białe wino (n)	['bʲawɛ 'vinɔ]
rode wijn (de)	czerwone wino (n)	[tʃɛr'vɔnɛ 'vinɔ]

likeur (de)	likier (m)	['liker]
champagne (de)	szampan (m)	['ʃampan]
vermout (de)	wermut (m)	['vɛrmut]

whisky (de)	whisky (ż)	[u'iski]
wodka (de)	wódka (ż)	['vutka]
gin (de)	dżin (m), gin (m)	[dʒin]
cognac (de)	koniak (m)	['kɔɲjak]
rum (de)	rum (m)	[rum]

koffie (de)	kawa (ż)	['kava]
zwarte koffie (de)	czarna kawa (ż)	['tʃarna 'kava]
koffie (de) met melk	kawa (ż) z mlekiem	['kava z 'mlekem]
cappuccino (de)	cappuccino (n)	[kapu'tʃinɔ]
oploskoffie (de)	kawa (ż) rozpuszczalna	['kava rɔspuʃt'ʃaʎna]

melk (de)	mleko (n)	['mlekɔ]
cocktail (de)	koktajl (m)	['kɔktajʎ]
milkshake (de)	koktajl (m) mleczny	['kɔktajʎ 'mletʃni]

sap (het)	sok (m)	[sɔk]
tomatensap (het)	sok (m) pomidorowy	[sɔk pɔmidɔ'rɔvi]
sinaasappelsap (het)	sok (m) pomarańczowy	[sɔk pɔmaraɲt'ʃovi]
vers geperst sap (het)	sok (m) ze świeżych owoców	[sɔk zɛ 'ɕfeʒih ɔ'vɔtsuf]

bier (het)	piwo (n)	['pivɔ]
licht bier (het)	piwo (n) jasne	[pivɔ 'jasnɛ]
donker bier (het)	piwo (n) ciemne	[pivɔ 'tɕemnɛ]

thee (de)	herbata (ż)	[hɛr'bata]
zwarte thee (de)	czarna herbata (ż)	['tʃarna hɛr'bata]
groene thee (de)	zielona herbata (ż)	[ʒe'lɔna hɛr'bata]

37. Groenten

groenten (mv.)	warzywa (l.mn.)	[va'ʒiva]
verse kruiden (mv.)	włoszczyzna (ż)	[vwɔʃt'ʃizna]

tomaat (de)	pomidor (m)	[pɔ'midɔr]
augurk (de)	ogórek (m)	[ɔ'gurɛk]
wortel (de)	marchew (ż)	['marhɛf]
aardappel (de)	ziemniak (m)	[ʒem'ɲak]

ui (de)	cebula (ż)	[tsɛ'buʎa]
knoflook (de)	czosnek (m)	['tʃɔsnɛk]
kool (de)	kapusta (ż)	[ka'pusta]
bloemkool (de)	kalafior (m)	[ka'ʎafʒr]
spruitkool (de)	brukselka (ż)	[bruk'sɛʎka]
broccoli (de)	brokuły (l.mn.)	[brɔ'kuwɨ]
rode biet (de)	burak (m)	['burak]
aubergine (de)	bakłażan (m)	[bak'waʒan]
courgette (de)	kabaczek (m)	[ka'batʃɛk]
pompoen (de)	dynia (ż)	['diɲa]
raap (de)	rzepa (ż)	['ʒɛpa]
peterselie (de)	pietruszka (ż)	[pet'ruʃka]
dille (de)	koperek (m)	[kɔ'pɛrɛk]
sla (de)	sałata (ż)	[sa'wata]
selderij (de)	seler (m)	['sɛler]
asperge (de)	szparagi (l.mn.)	[ʃpa'ragi]
spinazie (de)	szpinak (m)	['ʃpinak]
erwt (de)	groch (m)	[grɔh]
bonen (mv.)	bób (m)	[bup]
maïs (de)	kukurydza (ż)	[kuku'ridza]
boon (de)	fasola (ż)	[fa'sɔʎa]
peper (de)	słodka papryka (ż)	['swɔdka pap'rɨka]
radijs (de)	rzodkiewka (ż)	[ʒɔt'kefka]
artisjok (de)	karczoch (m)	['kartʃɔh]

38. Vruchten. Noten

vrucht (de)	owoc (m)	['ɔvɔts]
appel (de)	jabłko (n)	['jabkɔ]
peer (de)	gruszka (ż)	['gruʃka]
citroen (de)	cytryna (ż)	[tsɨt'rɨna]
sinaasappel (de)	pomarańcza (ż)	[pɔma'raɲtʃa]
aardbei (de)	truskawka (ż)	[trus'kafka]
mandarijn (de)	mandarynka (ż)	[manda'rɨŋka]
pruim (de)	śliwka (ż)	['ɕlifka]
perzik (de)	brzoskwinia (ż)	[bʒɔsk'fiɲa]
abrikoos (de)	morela (ż)	[mɔ'rɛʎa]
framboos (de)	malina (ż)	[ma'lina]
ananas (de)	ananas (m)	[a'nanas]
banaan (de)	banan (m)	['banan]
watermeloen (de)	arbuz (m)	['arbus]
druif (de)	winogrona (l.mn.)	[vinɔg'rɔna]
zure kers (de)	wiśnia (ż)	['viɕɲa]
zoete kers (de)	czereśnia (ż)	[tʃɛ'rɛɕɲa]
meloen (de)	melon (m)	['mɛlɔn]
grapefruit (de)	grejpfrut (m)	['grɛjpfrut]
avocado (de)	awokado (n)	[avɔ'kadɔ]

papaja (de)	papaja (z)	[pa'paja]
mango (de)	mango (n)	['maŋɔ]
granaatappel (de)	granat (m)	['granat]
rode bes (de)	czerwona porzeczka (z)	[tʃɛr'vɔna pɔ'ʒɛtʃka]
zwarte bes (de)	czarna porzeczka (z)	['tʃarna pɔ'ʒɛtʃka]
kruisbes (de)	agrest (m)	['agrɛst]
bosbes (de)	borówka (z) czarna	[bɔ'rɔfka 'tʃarna]
braambes (de)	jeżyna (z)	[e'ʒina]
rozijn (de)	rodzynek (m)	[rɔ'dzinɛk]
vijg (de)	figa (z)	['figa]
dadel (de)	daktyl (m)	['daktɨl]
pinda (de)	orzeszek (l.mn.) ziemny	[ɔ'ʒɛʃɛk 'ʒemnɛ]
amandel (de)	migdał (m)	['migdaw]
walnoot (de)	orzech (m) włoski	['ɔʒɛh 'vwɔski]
hazelnoot (de)	orzech (m) laskowy	['ɔʒɛh ʎas'kɔvɨ]
kokosnoot (de)	orzech (m) kokosowy	['ɔʒɛh kɔkɔ'sɔvɨ]
pistaches (mv.)	fistaszki (l.mn.)	[fis'taʃki]

39. Brood. Snoep

suikerbakkerij (de)	wyroby (l.mn.) cukiernicze	[vi'rɔbɨ tsuker'nitʃɛ]
brood (het)	chleb (m)	[hlep]
koekje (het)	herbatniki (l.mn.)	[hɛrbat'niki]
chocolade (de)	czekolada (z)	[tʃɛkɔ'ʎada]
chocolade- (abn)	czekoladowy	[tʃɛkɔʎa'dɔvɨ]
snoepje (het)	cukierek (m)	[tsu'kerɛk]
cakeje (het)	ciastko (n)	['tʃastkɔ]
taart (bijv. verjaardags~)	tort (m)	[tɔrt]
pastei (de)	ciasto (n)	['tʃastɔ]
vulling (de)	nadzienie (n)	[na'dʑene]
confituur (de)	konfitura (z)	[kɔnfi'tura]
marmelade (de)	marmolada (z)	[marmɔ'ʎada]
wafel (de)	wafle (l.mn.)	['vafle]
IJsje (het)	lody (l.mn.)	['lɔdɨ]

40. Bereide gerechten

gerecht (het)	danie (n)	['dane]
keuken (bijv. Franse ~)	kuchnia (z)	['kuhɲa]
recept (het)	przepis (m)	['pʃɛpis]
portie (de)	porcja (z)	['pɔrtsʰja]
salade (de)	sałatka (z)	[sa'watka]
soep (de)	zupa (z)	['zupa]
bouillon (de)	rosół (m)	['rɔsuw]
boterham (de)	kanapka (z)	[ka'napka]

spiegelei (het)	jajecznica (ż)	[jaetʃ'nitsa]
hamburger (de)	kotlet (m)	['kɔtlɛt]
hamburger (de)	hamburger (m)	[ham'burgɛr]
biefstuk (de)	befsztyk (m)	['bɛfʃtik]
hutspot (de)	pieczeń (ż)	['petʃɛɲ]

garnering (de)	dodatki (l.mn.)	[dɔ'datki]
spaghetti (de)	spaghetti (n)	[spa'gɛtti]
pizza (de)	pizza (ż)	['pitsa]
pap (de)	kasza (ż)	['kaʃa]
omelet (de)	omlet (m)	['ɔmlɛt]

gekookt (in water)	gotowany	[gɔtɔ'vani]
gerookt (bn)	wędzony	[vɛ̃'dzɔni]
gebakken (bn)	smażony	[sma'ʒɔni]
gedroogd (bn)	suszony	[su'ʃɔni]
diepvries (bn)	mrożony	[mrɔ'ʒɔni]
gemarineerd (bn)	marynowany	[marinɔ'vani]

zoet (bn)	słodki	['swɔtki]
gezouten (bn)	słony	['swɔni]
koud (bn)	zimny	['ʒimni]
heet (bn)	gorący	[gɔ'rɔ̃tsi]
bitter (bn)	gorzki	['gɔʃki]
lekker (bn)	smaczny	['smatʃni]

koken (in kokend water)	gotować	[gɔ'tɔvatʃ]
bereiden (avondmaaltijd ~)	gotować	[gɔ'tɔvatʃ]
bakken (ww)	smażyć	['smaʒitʃ]
opwarmen (ww)	odgrzewać	[ɔdg'ʒɛvatʃ]

zouten (ww)	solić	['sɔlitʃ]
peperen (ww)	pieprzyć	['pepʃitʃ]
raspen (ww)	trzeć	[tʃɛtʃ]
schil (de)	skórka (ż)	['skurka]
schillen (ww)	obierać	[ɔ'beratʃ]

41. Kruiden

zout (het)	sól (ż)	[suʎ]
gezouten (bn)	słony	['swɔni]
zouten (ww)	solić	['sɔlitʃ]

zwarte peper (de)	pieprz (m) czarny	[pepʃ 'tʃarni]
rode peper (de)	papryka (ż)	[pap'rika]
mosterd (de)	musztarda (ż)	[muʃ'tarda]
mierikswortel (de)	chrzan (m)	[hʃan]

condiment (het)	przyprawa (ż)	[pʃip'rava]
specerij , kruiderij (de)	przyprawa (ż)	[pʃip'rava]
saus (de)	sos (m)	[sɔs]
azijn (de)	ocet (m)	['ɔtset]
anijs (de)	anyż (m)	['aniʃ]
basilicum (de)	bazylia (ż)	[ba'ziʎja]

kruidnagel (de)	goździki (l.mn.)	['gɔʑ‍ʥiki]
gember (de)	imbir (m)	['imbir]
koriander (de)	kolendra (ż)	[kɔ'lendra]
kaneel (de/het)	cynamon (m)	[tɕi'namɔn]

sesamzaad (het)	sezam (m)	['sɛzam]
laurierblad (het)	liść (m) laurowy	[liɕtʃ ʎau'rɔvɨ]
paprika (de)	papryka (ż)	[pap'rika]
komijn (de)	kminek (m)	['kminɛk]
saffraan (de)	szafran (m)	['ʃafran]

42. Maaltijden

| eten (het) | jedzenie (n) | [e'ʥɛne] |
| eten (ww) | jeść | [eɕtʃ] |

ontbijt (het)	śniadanie (n)	[ɕɲa'dane]
ontbijten (ww)	jeść śniadanie	[eɕtʃ ɕɲa'dane]
lunch (de)	obiad (m)	['ɔbʲat]
lunchen (ww)	jeść obiad	[eɕtʃ 'ɔbʲat]
avondeten (het)	kolacja (ż)	[kɔ'ʎatsʰja]
souperen (ww)	jeść kolację	[eɕtʃ kɔ'ʎatsʰɛ̃]

| eetlust (de) | apetyt (m) | [a'pɛtɨt] |
| Eet smakelijk! | Smacznego! | [smatʃ'nɛgɔ] |

openen (een fles ~)	otwierać	[ɔt'feratʃ]
morsen (koffie, enz.)	rozlać	['rɔzʎatʃ]
zijn gemorst	rozlać się	['rɔzʎatʃ ɕɛ̃]

koken (water kookt bij 100°C)	gotować się	[gɔ'tɔvatʃ ɕɛ̃]
koken (Hoe om water te ~)	gotować	[gɔ'tɔvatʃ]
gekookt (~ water)	gotowany	[gɔtɔ'vanɨ]

| afkoelen (koeler maken) | ostudzić | [ɔs'tuʤitʃ] |
| afkoelen (koeler worden) | stygnąć | ['stɨgnɔ̃tʃ] |

| smaak (de) | smak (m) | [smak] |
| nasmaak (de) | posmak (m) | ['pɔsmak] |

volgen een dieet	odchudzać się	[ɔd'huʣatʃ ɕɛ̃]
dieet (het)	dieta (ż)	['dʰeta]
vitamine (de)	witamina (ż)	[vita'mina]
calorie (de)	kaloria (ż)	[ka'lɔrja]

| vegetariër (de) | wegetarianin (m) | [vɛgɛtarʰ'janin] |
| vegetarisch (bn) | wegetariański | [vɛgɛtarʰ'janski] |

vetten (mv.)	tłuszcze (l.mn.)	['twuʃtʃɛ]
eiwitten (mv.)	białka (l.mn.)	['bʲawka]
koolhydraten (mv.)	węglowodany (l.mn.)	[vɛnɛ̃ɡvɔ'danɨ]
snede (de)	plasterek (m)	[pʎas'tɛrɛk]
stuk (bijv. een ~ taart)	kawałek (m)	[ka'vawɛk]
kruimel (de)	okruchek (m)	[ɔk'ruhɛk]

43. Tafelschikking

lepel (de)	łyżka (z)	['wiʃka]
mes (het)	nóż (m)	[nuʃ]
vork (de)	widelec (m)	[vi'dɛlets]
kopje (het)	filiżanka (z)	[fili'ʒaŋka]
bord (het)	talerz (m)	['taleʃ]
schoteltje (het)	spodek (m)	['spɔdɛk]
servet (het)	serwetka (z)	[sɛr'vɛtka]
tandenstoker (de)	wykałaczka (z)	[vika'watʃka]

44. Restaurant

restaurant (het)	restauracja (z)	[rɛstauˈratsʰja]
koffiehuis (het)	kawiarnia (z)	[kaˈvʲarɲa]
bar (de)	bar (m)	[bar]
tearoom (de)	herbaciarnia (z)	[hɛrbaˈtɕʲarɲa]
kelner, ober (de)	kelner (m)	[ˈkɛʎnɛr]
serveerster (de)	kelnerka (z)	[kɛʎˈnɛrka]
barman (de)	barman (m)	[ˈbarman]
menu (het)	menu (n)	[ˈmenu]
wijnkaart (de)	karta (z) win	[ˈkarta vin]
een tafel reserveren	zarezerwować stolik	[zarɛzɛrvɔvatɕ ˈstɔlik]
gerecht (het)	danie (n)	[ˈdane]
bestellen (eten ~)	zamówić	[zaˈmuvitɕ]
een bestelling maken	zamówić	[zaˈmuvitɕ]
aperitief (de/het)	aperitif (m)	[apɛriˈtif]
voorgerecht (het)	przystawka (z)	[pʃisˈtafka]
dessert (het)	deser (m)	[ˈdɛsɛr]
rekening (de)	rachunek (m)	[raˈhunɛk]
de rekening betalen	zapłacić rachunek	[zapˈwatɕitɕ raˈhunɛk]
wisselgeld teruggeven	wydać resztę	[ˈvɨdatɕ ˈrɛʃtɛ̃]
fooi (de)	napiwek (m)	[naˈpivɛk]

Familie, verwanten en vrienden

45. Persoonlijke informatie. Formulieren

naam (de)	imię (n)	['imɛ̃]
achternaam (de)	nazwisko (n)	[naz'viskɔ]
geboortedatum (de)	data (ż) urodzenia	['data urɔ'dzɛɲa]
geboorteplaats (de)	miejsce (n) urodzenia	['mejstsɛ urɔ'dzɛɲa]
nationaliteit (de)	narodowość (ż)	[narɔ'dɔvɔɕtʃ]
woonplaats (de)	miejsce (n) zamieszkania	['mejstse zameʃ'kaɲa]
land (het)	kraj (m)	[kraj]
beroep (het)	zawód (m)	['zavut]
geslacht (ov. het vrouwelijk ~)	płeć (ż)	['pwɛtʃ]
lengte (de)	wzrost (m)	[vzrɔst]
gewicht (het)	waga (ż)	['vaga]

46. Familieleden. Verwanten

moeder (de)	matka (ż)	['matka]
vader (de)	ojciec (m)	['ɔjtʃets]
zoon (de)	syn (m)	[sɨn]
dochter (de)	córka (ż)	['tsurka]
jongste dochter (de)	młodsza córka (ż)	['mwɔtʃa 'tsurka]
jongste zoon (de)	młodszy syn (m)	['mwɔtʃi sɨn]
oudste dochter (de)	starsza córka (ż)	['starʃa 'tsurka]
oudste zoon (de)	starszy syn (m)	['starʃi sɨn]
broer (de)	brat (m)	[brat]
zuster (de)	siostra (ż)	['ɕɔstra]
neef (zoon van oom/tante)	kuzyn (m)	['kuzin]
nicht (dochter van oom/tante)	kuzynka (ż)	[ku'zɨnka]
mama (de)	mama (ż)	['mama]
papa (de)	tata (m)	['tata]
ouders (mv.)	rodzice (l.mn.)	[rɔ'dʒitsɛ]
kind (het)	dziecko (n)	['dʒetskɔ]
kinderen (mv.)	dzieci (l.mn.)	['dʒetʃi]
oma (de)	babcia (ż)	['babtʃa]
opa (de)	dziadek (m)	['dʒʲadɛk]
kleinzoon (de)	wnuk (m)	[vnuk]
kleindochter (de)	wnuczka (ż)	['vnutʃka]
kleinkinderen (mv.)	wnuki (l.mn.)	['vnuki]
oom (de)	wujek (m)	['vuek]

tante (de)	ciocia (ż)	['tɕɔtɕa]
neef (zoon van broer/zus)	bratanek (m), siostrzeniec (m)	[bra'tanɛk], [sɜst'ɕɛnɛts]
nicht (dochter van broer/zus)	bratanica (ż), siostrzenica (ż)	[brata'nitsa], [sɜst'ɕɛnitsa]

schoonmoeder (de)	teściowa (ż)	[tɛɕ'tɕɔva]
schoonvader (de)	teść (m)	[tɛɕtɕ]
schoonzoon (de)	zięć (m)	[ʒɛ̃tɕ]
stiefmoeder (de)	macocha (ż)	[ma'tsɔha]
stiefvader (de)	ojczym (m)	['ɔjtɕim]

zuigeling (de)	niemowlę (n)	[ne'mɔvlɛ̃]
wiegenkind (het)	niemowlę (n)	[ne'mɔvlɛ̃]
kleuter (de)	maluch (m)	['malyh]

vrouw (de)	żona (ż)	['ʒɔna]
man (de)	mąż (m)	[mɔ̃ʃ]
echtgenoot (de)	małżonek (m)	[maw'ʒɔnɛk]
echtgenote (de)	małżonka (ż)	[maw'ʒɔŋka]

gehuwd (mann.)	żonaty	[ʒɔ'nati]
gehuwd (vrouw.)	zamężna	[za'mɛnʒna]
ongehuwd (mann.)	nieżonaty	[neʒɔ'nati]
vrijgezel (de)	kawaler (m)	[ka'valɛr]
gescheiden (bn)	rozwiedziony	[rɔzve'dʒɜnɨ]
weduwe (de)	wdowa (ż)	['vdɔva]
weduwnaar (de)	wdowiec (m)	['vdɔvɛts]

familielid (het)	krewny (m)	['krɛvnɨ]
dichte familielid (het)	bliski krewny (m)	['bliski 'krɛvnɨ]
verre familielid (het)	daleki krewny (m)	[da'leki 'krɛvnɨ]
familieleden (mv.)	rodzina (ż)	[rɔ'dʒina]

wees (de), weeskind (het)	sierota (ż)	[ɕe'rɔta]
voogd (de)	opiekun (m)	[ɔ'pekun]
adopteren (een jongen te ~)	zaadoptować	[zaːdɔp'tɔvatɕ]
adopteren (een meisje te ~)	zaadoptować	[zaːdɔp'tɔvatɕ]

Geneeskunde

47. Ziekten

ziekte (de)	choroba (ż)	[hɔ'rɔba]
ziek zijn (ww)	chorować	[hɔ'rɔvatʃ]
gezondheid (de)	zdrowie (n)	['zdrɔve]
snotneus (de)	katar (m)	['katar]
angina (de)	angina (ż)	[aŋina]
verkoudheid (de)	przeziębienie (n)	[pʃɛʒɛ̃'bene]
verkouden raken (ww)	przeziębić się	[pʃɛ'ʒembitʃ ɕɛ̃]
bronchitis (de)	zapalenie (n) oskrzeli	[zapa'lɛne ɔsk'ʃɛli]
longontsteking (de)	zapalenie (n) płuc	[zapa'lɛne pwuts]
griep (de)	grypa (ż)	['gripa]
bijziend (bn)	krótkowzroczny	[krutkɔvz'rɔtʃni]
verziend (bn)	dalekowzroczny	[dalekɔvz'rɔtʃni]
scheelheid (de)	zez (m)	[zɛs]
scheel (bn)	zezowaty	[zɛzɔ'vati]
grauwe staar (de)	katarakta (ż)	[kata'rakta]
glaucoom (het)	jaskra (ż)	['jaskra]
beroerte (de)	wylew (m)	['vilɛf]
hartinfarct (het)	zawał (m)	['zavaw]
myocardiaal infarct (het)	zawał (m) mięśnia sercowego	['zavaw 'mɛ̃ɕɲa sɛrtsɔ'vɛgɔ]
verlamming (de)	paraliż (m)	[pa'raliʃ]
verlammen (ww)	sparaliżować	[sparali'ʒɔvatʃ]
allergie (de)	alergia (ż)	[a'lergʰja]
astma (de/het)	astma (ż)	['astma]
diabetes (de)	cukrzyca (ż)	[tsuk'ʃitsa]
tandpijn (de)	ból (m) zęba	[buʎ 'zɛ̃ba]
tandbederf (het)	próchnica (ż)	[pruh'nitsa]
diarree (de)	rozwolnienie (n)	[rɔzvɔʎ'nene]
constipatie (de)	zaparcie (n)	[za'partɕe]
maagstoornis (de)	rozstrój (m) żołądka	['rɔsstruj ʒɔ'wɔ̃tka]
voedselvergiftiging (de)	zatrucie (n) pokarmowe	[zat'rutɕe pokar'mɔvɛ]
voedselvergiftiging oplopen	zatruć się	['zatrutʃ ɕɛ̃]
artritis (de)	artretyzm (m)	[art'rɛtizm]
rachitis (de)	krzywica (ż)	[kʃi'vitsa]
reuma (het)	reumatyzm (m)	[rɛu'matizm]
arteriosclerose (de)	miażdżyca (ż)	[mʲaʒ'dʒitsa]
gastritis (de)	nieżyt (m) żołądka	['neʒit ʒɔ'wɔ̃tka]
blindedarmontsteking (de)	zapalenie (n) wyrostka robaczkowego	[zapa'lene vi'rostka rɔbatʃkɔ'vɛgɔ]

zweer (de)	wrzód (m)	[vʒut]
mazelen (mv.)	odra (ż)	['ɔdra]
rodehond (de)	różyczka (ż)	[ru'ʒitʃka]
geelzucht (de)	żółtaczka (ż)	[ʒuw'tatʃka]
leverontsteking (de)	zapalenie (n) wątroby	[zapa'lene vɔ̃t'rɔbi]

schizofrenie (de)	schizofrenia (ż)	[shizɔf'rɛnʰja]
dolheid (de)	wścieklizna (ż)	[vɕtʃek'lizna]
neurose (de)	nerwica (ż)	[nɛr'vitsa]
hersenschudding (de)	wstrząs (m) mózgu	[fstʃɔ̃s 'muzgu]

kanker (de)	rak (m)	[rak]
sclerose (de)	stwardnienie (n)	[stvard'nenie]
multiple sclerose (de)	stwardnienie (n) rozsiane	[stfard'nene rɔz'ɕanɛ]

alcoholisme (het)	alkoholizm (m)	[aʎkɔ'hɔlizm]
alcoholicus (de)	alkoholik (m)	[aʎkɔ'hɔlik]
syfilis (de)	syfilis (m)	[si'filis]
AIDS (de)	AIDS (m)	[ɛjʦ]

tumor (de)	nowotwór (m)	[nɔ'vɔtfur]
kwaadaardig (bn)	złośliwa	[zwɔɕ'liva]
goedaardig (bn)	niezłośliwa	[nezwɔɕ'liva]

koorts (de)	febra (ż)	['fɛbra]
malaria (de)	malaria (ż)	[ma'ʎarʰja]
gangreen (het)	gangrena (ż)	[gaŋ'rɛna]
zeeziekte (de)	choroba (ż) morska	[hɔ'rɔba 'mɔrska]
epilepsie (de)	padaczka (ż)	[pa'datʃka]

epidemie (de)	epidemia (ż)	[ɛpi'dɛmʰja]
tyfus (de)	tyfus (m)	['tifus]
tuberculose (de)	gruźlica (ż)	[gruʑ'litsa]
cholera (de)	cholera (ż)	[hɔ'lera]
pest (de)	dżuma (ż)	['dʒuma]

48. Symptomen. Behandelingen. Deel 1

symptoom (het)	objaw (m)	['ɔbʰjaf]
temperatuur (de)	temperatura (ż)	[tɛmpɛra'tura]
verhoogde temperatuur (de)	gorączka (ż)	[gɔ'rɔ̃tʃka]
polsslag (de)	puls (m)	[puʎs]

duizeling (de)	zawrót (m) głowy	['zavrut 'gwɔvi]
heet (erg warm)	gorący	[gɔ'rɔ̃tsi]
koude rillingen (mv.)	dreszcz (m)	['drɛʃtʃ]
bleek (bn)	blady	['bʎadi]

hoest (de)	kaszel (m)	['kaʃɛʎ]
hoesten (ww)	kaszleć	['kaʃletʃ]
niezen (ww)	kichać	['kihatʃ]
flauwte (de)	omdlenie (n)	[ɔmd'lene]
flauwvallen (ww)	zemdleć	['zɛmdletʃ]
blauwe plek (de)	siniak (m)	['ɕiɲak]

buil (de)	guz (m)	[gus]
zich stoten (ww)	uderzyć się	[u'dɛʑitʃ ɕɛ̃]
kneuzing (de)	stłuczenie (n)	[stwut'ʃɛne]
kneuzen (gekneusd zijn)	potłuc się	['pɔtwuts ɕɛ̃]
hinken (ww)	kuleć	['kuletʃ]
verstuiking (de)	zwichnięcie (n)	[zvih'nɛ̃tʃe]
verstuiken (enkel, enz.)	zwichnąć	['zvihnɔ̃tʃ]
breuk (de)	złamanie (n)	[zwa'mane]
een breuk oplopen	otrzymać złamanie	[ɔt'ʃimatʃ zwa'mane]
snijwond (de)	skaleczenie (n)	[skalet'ʃɛne]
zich snijden (ww)	skaleczyć się	[ska'letʃitʃ ɕɛ̃]
bloeding (de)	krwotok (m)	['krfɔtɔk]
brandwond (de)	oparzenie (n)	[ɔpa'ʑɛne]
zich branden (ww)	poparzyć się	[pɔ'paʑitʃ ɕɛ̃]
prikken (ww)	ukłuć	['ukwutʃ]
zich prikken (ww)	ukłuć się	['ukwutʃ ɕɛ̃]
blesseren (ww)	uszkodzić	[uʃ'kɔdʑitʃ]
blessure (letsel)	uszkodzenie (n)	[uʃkɔ'dzɛne]
wond (de)	rana (ż)	['rana]
trauma (het)	uraz (m)	['uras]
IJlen (ww)	bredzić	['brɛdʑitʃ]
stotteren (ww)	jąkać się	[ɔ̃katʃ ɕɛ̃]
zonnesteek (de)	udar (m) słoneczny	['udar swɔ'nɛtʃnɨ]

49. Symptomen. Behandelingen. Deel 2

pijn (de)	ból (m)	[buʎ]
splinter (de)	drzazga (ż)	['dʒazga]
zweet (het)	pot (m)	[pɔt]
zweten (ww)	pocić się	['pɔtʃitʃ ɕɛ̃]
braking (de)	wymiotowanie (n)	[vɨmɔtɔ'vane]
stuiptrekkingen (mv.)	drgawki (l.mn.)	['drgavki]
zwanger (bn)	ciężarna (ż)	[tʃɛ̃'ʒarna]
geboren worden (ww)	urodzić się	[u'rɔdʑitʃ ɕɛ̃]
geboorte (de)	poród (m)	['pɔrut]
baren (ww)	rodzić	['rɔdʑitʃ]
abortus (de)	aborcja (ż)	[a'bɔrtsʰja]
ademhaling (de)	oddech (m)	['ɔddɛh]
inademing (de)	wdech (m)	[vdɛh]
uitademing (de)	wydech (m)	['vɨdɛh]
uitademen (ww)	zrobić wydech	['zrɔbitʃ 'vɨdɛh]
inademen (ww)	zrobić wdech	['zrɔbitʃ vdɛh]
invalide (de)	niepełnosprawny (m)	[nepɛwnɔsp'ravnɨ]
gehandicapte (de)	kaleka (m, ż)	[ka'leka]
drugsverslaafde (de)	narkoman (m)	[nar'kɔman]

doof (bn)	niesłyszący, głuchy	[nɛswɨ'jɔ̃tsɨ], ['gwuhɨ]
stom (bn)	niemy	['nɛmɨ]
doofstom (bn)	głuchoniemy	[gwuhɔ'nɛmɨ]

krankzinnig (bn)	zwariowany	[zvarʰɜ'vanɨ]
krankzinnige (man)	wariat (m)	['varʰʲjat]
krankzinnige (vrouw)	wariatka (ż)	[varʰʲjatka]
krankzinnig worden	stracić rozum	['stratʃitʃ rɔzum]

gen (het)	gen (m)	[gɛn]
immuniteit (de)	odporność (ż)	[ɔt'pɔrnɔɕtʃ]
erfelijk (bn)	dziedziczny	[dʑe'dʑitʃnɨ]
aangeboren (bn)	wrodzony	[vrɔ'dzɔnɨ]

virus (het)	wirus (m)	['virus]
microbe (de)	mikrob (m)	['mikrɔb]
bacterie (de)	bakteria (ż)	[bak'tɛrʰja]
infectie (de)	infekcja (ż)	[in'fɛkts ʰja]

50. Symptomen. Behandelingen. Deel 3

| ziekenhuis (het) | szpital (m) | ['ʃpitaʎ] |
| patiënt (de) | pacjent (m) | ['patsʰent] |

diagnose (de)	diagnoza (ż)	[dʰjag'nɔza]
genezing (de)	leczenie (n)	[let'ʃɛne]
medische behandeling (de)	leczenie (n)	[let'ʃɛne]
onder behandeling zijn	leczyć się	['letʃitʃ ɕɛ̃]
behandelen (ww)	leczyć	['letʃitʃ]
zorgen (zieken ~)	opiekować się	[ɔpe'kɔvatʃ ɕɛ̃]
ziekenzorg (de)	opieka (ż)	[ɔ'peka]

operatie (de)	operacja (ż)	[ɔpɛ'ratsʰja]
verbinden (een arm ~)	opatrzyć	[ɔ'patʃitʃ]
verband (het)	opatrunek (m)	[ɔpat'runɛk]

vaccin (het)	szczepionka (m)	[ʃtʃɛ'pɔŋka]
inenten (vaccineren)	szczepić	['ʃtʃɛpitʃ]
injectie (de)	zastrzyk (m)	['zastʃik]
een injectie geven	robić zastrzyk	['rɔbitʃ 'zastʃik]

amputatie (de)	amputacja (ż)	[ampu'tatsʰja]
amputeren (ww)	amputować	[ampu'tɔvatʃ]
coma (het)	śpiączka (ż)	[ɕpɔ̃tʃka]
in coma liggen	być w śpiączce	[bitʃ f ɕpɔ̃tʃtse]
intensieve zorg, ICU (de)	reanimacja (ż)	[rɛani'matsʰja]

zich herstellen (ww)	wracać do zdrowia	['vratsatʃ dɔ 'zdrɔvʲa]
toestand (de)	stan (m)	[stan]
bewustzijn (het)	przytomność (ż)	[pʃi'tɔmnɔɕtʃ]
geheugen (het)	pamięć (ż)	['pamɛ̃tʃ]

| trekken (een kies ~) | usuwać | [u'suvatʃ] |
| vulling (de) | plomba (ż) | ['plɔmba] |

vullen (ww) | plombować | [plɔm'bɔvatʃ]
hypnose (de) | hipnoza (ż) | [hip'nɔza]
hypnotiseren (ww) | hipnotyzować | [hipnɔti'zɔvatʃ]

51. Artsen

dokter, arts (de) | lekarz (m) | ['lekaʃ]
ziekenzuster (de) | pielęgniarka (ż) | [pelɛ̃g'ɲarka]
lijfarts (de) | lekarz (m) prywatny | [lekaʒ pri'vatni]

tandarts (de) | dentysta (m) | [dɛn'tista]
oogarts (de) | okulista (m) | [ɔku'lista]
therapeut (de) | internista (m) | [intɛr'nista]
chirurg (de) | chirurg (m) | ['hirurk]

psychiater (de) | psychiatra (m) | [psihʰ'atra]
pediater (de) | pediatra (m) | [pɛdʰ'atra]
psycholoog (de) | psycholog (m) | [psi'hɔlɔg]
gynaecoloog (de) | ginekolog (m) | [ginɛ'kɔlɔk]
cardioloog (de) | kardiolog (m) | [kardʰɔ'lɔk]

52. Geneeskunde. Medicijnen. Accessoires

geneesmiddel (het) | lekarstwo (n) | [le'karstfɔ]
middel (het) | środek (m) | ['ɕrɔdɛk]
voorschrijven (ww) | zapisać | [za'pisatʃ]
recept (het) | recepta (ż) | [rɛ'tsɛpta]

tablet (de/het) | tabletka (ż) | [tab'letka]
zalf (de) | maść (ż) | [maɕtʃ]
ampul (de) | ampułka (ż) | [am'puwka]
drank (de) | mikstura (ż) | [miks'tura]
siroop (de) | syrop (m) | ['sirɔp]
pil (de) | pigułka (ż) | [pi'guwka]
poeder (de/het) | proszek (m) | ['prɔʃɛk]

verband (het) | bandaż (m) | ['bandaʃ]
watten (mv.) | wata (ż) | ['vata]
jodium (het) | jodyna (ż) | [ʒ'dina]
pleister (de) | plaster (m) | ['pʎaster]
pipet (de) | zakraplacz (m) | [zak'rapʎatʃ]
thermometer (de) | termometr (m) | [tɛr'mɔmɛtr]
spuit (de) | strzykawka (ż) | [stʃi'kafka]

rolstoel (de) | wózek (m) inwalidzki | ['vɔzɛk inva'lidzki]
krukken (mv.) | kule (l.mn.) | ['kule]

pijnstiller (de) | środek (m) przeciwbólowy | ['ɕrɔdɛk pʃɛtʃifbɔ'lovi]
laxeermiddel (het) | środek (m) przeczyszczający | ['ɕrɔdɛk pʃɛtʃiʃtʃaɔ̃tsi]
spiritus (de) | spirytus (m) | [spi'ritus]
medicinale kruiden (mv.) | zioła (l.mn.) lecznicze | [ʒi'ɔla letʃ'nitʃɛ]
kruiden- (abn) | ziołowy | [ʒɔ'wɔvi]

HET MENSELIJKE LEEFGEBIED

Stad

53. Stad. Het leven in de stad

stad (de)	miasto (n)	['mʲastɔ]
hoofdstad (de)	stolica (ż)	[stɔ'litsa]
dorp (het)	wieś (ż)	[veɕ]

plattegrond (de)	plan (m) miasta	[pʎan 'mʲasta]
centrum (ov. een stad)	centrum (n) miasta	['tsɛntrum 'mʲasta]
voorstad (de)	dzielnica (ż) podmiejska	[dʒɛʎ'nitsa pɔd'mejska]
voorstads- (abn)	podmiejski	[pɔd'mejski]

randgemeente (de)	peryferie (l.mn.)	[pɛri'fɛrʰe]
omgeving (de)	okolice (l.mn.)	[ɔkɔ'litsɛ]
blok (huizenblok)	osiedle (n)	[ɔ'ɕedle]
woonwijk (de)	osiedle (n) mieszkaniowe	[ɔ'ɕedle meʃka'nɜvɛ]

verkeer (het)	ruch (m) uliczny	[ruh u'litʃnɨ]
verkeerslicht (het)	światła (l.mn.)	['ɕfʲatwa]
openbaar vervoer (het)	komunikacja (ż) publiczna	[kɔmuni'katsʰja pub'litʃna]
kruispunt (het)	skrzyżowanie (n)	[skʃɨʒɔ'vane]

zebrapad (oversteekplaats)	przejście (n)	['pʃɛjɕtʃe]
onderdoorgang (de)	przejście (n) podziemne	['pʃɛjɕtʃe pɔ'dʒemnɛ]
oversteken (de straat ~)	przechodzić	[pʃɛ'hɔdʒitʃ]
voetganger (de)	pieszy (m)	['peʃɨ]
trottoir (het)	chodnik (m)	['hɔdnik]

brug (de)	most (m)	[mɔst]
dijk (de)	nadbrzeże (n)	[nadb'ʒɛʒɛ]
fontein (de)	fontanna (ż)	[fɔn'taŋa]

allee (de)	aleja (ż)	[a'leja]
park (het)	park (m)	[park]
boulevard (de)	bulwar (m)	['buʎvar]
plein (het)	plac (m)	[pʎats]
laan (de)	aleja (ż)	[a'leja]
straat (de)	ulica (ż)	[u'litsa]
zijstraat (de)	zaułek (m)	[za'uwɛk]
doodlopende straat (de)	ślepa uliczka (ż)	['ɕlepa u'litʃka]

huis (het)	dom (m)	[dɔm]
gebouw (het)	budynek (m)	[bu'dɨnɛk]
wolkenkrabber (de)	wieżowiec (m)	[ve'ʒɔvets]
gevel (de)	fasada (ż)	[fa'sada]
dak (het)	dach (m)	[dah]

venster (het)	okno (n)	['ɔknɔ]
boog (de)	łuk (m)	[wuk]
pilaar (de)	kolumna (ż)	[kɔ'lymna]
hoek (ov. een gebouw)	róg (m)	[ruk]
vitrine (de)	witryna (ż)	[vit'rina]
gevelreclame (de)	szyld (m)	[ʃiʎt]
affiche (de/het)	afisz (m)	['afiʃ]
reclameposter (de)	plakat (m) reklamowy	['pʎakat rɛkʎa'mɔvi]
aanplakbord (het)	billboard (m)	['biʎbɔrt]
vuilnis (de/het)	śmiecie (l.mn.)	['ɕmetɕe]
vuilnisbak (de)	kosz (m) na śmieci	[kɔʃ na 'ɕmetɕi]
afval weggooien (ww)	śmiecić	['ɕmetɕitɕ]
stortplaats (de)	wysypisko (n) śmieci	[vɨsipiskɔ 'ɕmetɕi]
telefooncel (de)	budka (ż) telefoniczna	['butka tɛlefɔ'nitʃna]
straatlicht (het)	słup (m) oświetleniowy	[swup ɔɕvetle'nɜvɨ]
bank (de)	ławka (ż)	['wafka]
politieagent (de)	policjant (m)	[pɔ'litsʰjant]
politie (de)	policja (ż)	[pɔ'litsʰja]
zwerver (de)	żebrak (m)	['ʒɛbrak]
dakloze (de)	bezdomny (m)	[bɛz'dɔmnɨ]

54. Stedelijke instellingen

winkel (de)	sklep (m)	[sklep]
apotheek (de)	apteka (ż)	[ap'tɛka]
optiek (de)	optyk (m)	['ɔptik]
winkelcentrum (het)	centrum (n) handlowe	['tsɛntrum hand'lɜvɛ]
supermarkt (de)	supermarket (m)	[supɛr'markɛt]
bakkerij (de)	sklep (m) z pieczywem	[sklep s pet'ʃivɛm]
bakker (de)	piekarz (m)	['pekaʃ]
banketbakkerij (de)	cukiernia (ż)	[tsu'kerɲa]
kruidenier (de)	sklep (m) spożywczy	[sklep spɔ'ʒɨvtʃi]
slagerij (de)	sklep (m) mięsny	[sklep 'mensnɨ]
groentewinkel (de)	warzywniak (m)	[va'ʒɨvɲak]
markt (de)	targ (m)	[tark]
koffiehuis (het)	kawiarnia (ż)	[ka'vʲarɲa]
restaurant (het)	restauracja (ż)	[rɛstau'ratsʰja]
bar (de)	piwiarnia (ż)	[pi'vʲarɲa]
pizzeria (de)	pizzeria (ż)	[pi'tserʰja]
kapperssalon (de/het)	salon (m) fryzjerski	['salɔn frizʰ'erski]
postkantoor (het)	poczta (ż)	['pɔtʃta]
stomerij (de)	pralnia (ż) chemiczna	['praʎɲa hɛ'mitʃna]
fotostudio (de)	zakład (m) fotograficzny	['zakwat fɔtɔgra'fitʃni]
schoenwinkel (de)	sklep (m) obuwniczy	[sklep ɔbuv'nitʃi]
boekhandel (de)	księgarnia (ż)	[kɕɛ̃'garɲa]

sportwinkel (de)	sklep (m) sportowy	[sklep spɔr'tɔvɨ]
kledingreparatie (de)	reperacja (ż) odzieży	[rɛpɛ'ratsʰja ɔ'dʑeʑi]
kledingverhuur (de)	wypożyczanie (n) strojów okazjonalnych	[vɨpɔʑi'tʃane strɔ'juv ɔkazʲɔ'naʎnɨh]
videotheek (de)	wypożyczalnia (ż) filmów	[vɨpɔʑit'ʃaʎɲa 'fiʎmuf]

circus (de/het)	cyrk (m)	[tsɨrk]
dierentuin (de)	zoo (n)	['zɔː]
bioscoop (de)	kino (n)	['kinɔ]
museum (het)	muzeum (n)	[mu'zɛum]
bibliotheek (de)	biblioteka (ż)	[biblʲɔ'tɛka]

theater (het)	teatr (m)	['tɛatr]
opera (de)	opera (ż)	['ɔpɛra]
nachtclub (de)	klub nocny (m)	[klyp 'nɔtsnɨ]
casino (het)	kasyno (n)	[ka'sɨnɔ]

moskee (de)	meczet (m)	['mɛtʃɛt]
synagoge (de)	synagoga (ż)	[sɨna'gɔga]
kathedraal (de)	katedra (ż)	[ka'tɛdra]
tempel (de)	świątynia (ż)	[ɕfɔ̃'tɨɲa]
kerk (de)	kościół (m)	['kɔʃtʃow]

instituut (het)	instytut (m)	[ins'titut]
universiteit (de)	uniwersytet (m)	[uni'vɛrsitɛt]
school (de)	szkoła (ż)	['ʃkɔwa]

gemeentehuis (het)	urząd (m) dzielnicowy	['uʒɔ̃d dʑeʎnitsɔvɨ]
stadhuis (het)	urząd (m) miasta	['uʒɔ̃t 'mʲasta]
hotel (het)	hotel (m)	['hɔtɛʎ]
bank (de)	bank (m)	[baŋk]

ambassade (de)	ambasada (ż)	[amba'sada]
reisbureau (het)	agencja (ż) turystyczna	[a'gɛntsʰja turis'titʃna]
informatieloket (het)	informacja (ż)	[infɔr'matsʰja]
wisselkantoor (het)	kantor (m)	['kantɔr]

metro (de)	metro (n)	['mɛtrɔ]
ziekenhuis (het)	szpital (m)	['ʃpitaʎ]

benzinestation (het)	stacja (ż) benzynowa	['statsʰja bɛnzi'nɔva]
parking (de)	parking (m)	['parkiŋk]

55. Borden

gevelreclame (de)	szyld (m)	[ʃɨʎt]
opschrift (het)	napis (m)	['napis]
poster (de)	plakat (m)	['pʎakat]
wegwijzer (de)	drogowskaz (m)	[drɔ'gɔfskas]
pijl (de)	strzałka (ż)	['stʃawka]

waarschuwing (verwittiging)	ostrzeżenie (n)	[ɔstʃɛ'ʒɛne]
waarschuwingsbord (het)	przestroga (ż)	[pʃɛst'rɔga]
waarschuwen (ww)	ostrzegać	[ɔst'ʃɛgatʃ]

vrije dag (de)	dzień (m) wolny	[dʑɛɲ 'vɔʎnɨ]
dienstregeling (de)	rozkład (m) jazdy	['rɔskwad 'jazdɨ]
openingsuren (mv.)	godziny (l.mn.) pracy	[gɔ'dʑinɨ 'pratsɨ]
WELKOM!	WITAMY!	[vi'tamɨ]
INGANG	WEJŚCIE	['vɛjɕtɕe]
UITGANG	WYJŚCIE	['vɨjɕtɕe]
DUWEN	PCHAĆ	[phatɕ]
TREKKEN	CIĄGNĄĆ	[tɕɔ̃gnɔntɕ]
OPEN	OTWARTE	[ɔt'fartɛ]
GESLOTEN	ZAMKNIĘTE	[zamk'nɛntɛ]
DAMES	DLA PAŃ	[dʎa paɲ]
HEREN	DLA MĘŻCZYZN	[dʎa 'mɛ̃ʒtʂizn]
KORTING	ZNIŻKI	['zniʃki]
UITVERKOOP	WYPRZEDAŻ	[vɨp'ʃɛdaʃ]
NIEUW!	NOWOŚĆ!	['nɔvɔɕtɕ]
GRATIS	GRATIS	['gratis]
PAS OP!	UWAGA!	[u'vaga]
VOLGEBOEKT	BRAK MIEJSC	[brak mejsts]
GERESERVEERD	REZERWACJA	[rɛzɛr'vatsʰja]
ADMINISTRATIE	ADMINISTRACJA	[administ'ratsʰja]
ALLEEN VOOR PERSONEEL	WEJŚCIE SŁUŻBOWE	['vɛjɕtɕe swuʒ'bɔvɛ]
GEVAARLIJKE HOND	UWAGA! ZŁY PIES	[u'vaga zwɨ pes]
VERBODEN TE ROKEN!	ZAKAZ PALENIA!	['zakas pa'lɛɲa]
NIET AANRAKEN!	NIE DOTYKAĆ!	[ne dɔ'tikatɕ]
GEVAARLIJK	NIEBEZPIECZNY	[nebɛs'petʃnɨ]
GEVAAR	NIEBEZPIECZEŃSTWO	[nebɛspetʃɛɲstfɔ]
HOOGSPANNING	WYSOKIE NAPIĘCIE	[visɔke napɛ̃tɕe]
VERBODEN TE ZWEMMEN	KĄPIEL WZBRONIONA	[kɔmpeʎ vzbrɔnɔ̃a]
BUITEN GEBRUIK	NIECZYNNE	[netʃinɛ]
ONTVLAMBAAR	ŁATWOPALNE	[vatvɔ'paʎnɛ]
VERBODEN	ZAKAZ	['zakas]
DOORGANG VERBODEN	ZAKAZ PRZEJŚCIA	['zakas 'pʃɛjɕtʲa]
OPGELET PAS GEVERFD	ŚWIEŻO MALOWANE	['ɕfeʒɔ malɔ'vanɛ]

56. Stedelijk vervoer

bus, autobus (de)	autobus (m)	[au'tɔbus]
tram (de)	tramwaj (m)	['tramvaj]
trolleybus (de)	trolejbus (m)	[trɔ'lejbus]
route (de)	trasa (ż)	['trasa]
nummer (busnummer, enz.)	numer (m)	['numɛr]
rijden met ...	jechać w ...	['ehatʃ v]
stappen (in de bus ~)	wsiąść	[fɕɔ̃ɕtɕ]

T&P Books. Thematische woordenschat Nederlands-Pools - 5000 woorden

afstappen (ww)	zsiąść z ...	[zɕɔ́ɕtʃ z]
halte (de)	przystanek (m)	[pʃis'tanɛk]
volgende halte (de)	następny przystanek (m)	[nas'tɛpnɨ pʃis'tanɛk]
eindpunt (het)	stacja (z) końcowa	['statsʰja kɔɲ'tsɔva]
dienstregeling (de)	rozkład (m) jazdy	['rɔskwad 'jazdɨ]
wachten (ww)	czekać	['tʃɛkatʃ]

kaartje (het)	bilet (m)	['bilet]
reiskosten (de)	cena (z) biletu	['tsɛna bi'letu]

kassier (de)	kasjer (m), kasjerka (z)	['kasʰer], [kasʰ'erka]
kaartcontrole (de)	kontrola (z) biletów	[kɔnt'rɔʎa bi'letɔf]
controleur (de)	kontroler (m) biletów	[kɔnt'rɔler bi'letɔf]

te laat zijn (ww)	spóźniać się	['spuʑ'ɲatʃ ɕɛ̃]
missen (de bus ~)	spóźnić się	['spuʑ'nitʃ ɕɛ̃]
zich haasten (ww)	śpieszyć się	['ɕpeʃitʃ ɕɛ̃]

taxi (de)	taksówka (z)	[tak'sufka]
taxichauffeur (de)	taksówkarz (m)	[tak'sufkaʃ]
met de taxi (bw)	taksówką	[tak'sufkɔ̃]
taxistandplaats (de)	postój (m) taksówek	['pɔstuj tak'suvɛk]
een taxi bestellen	wezwać taksówkę	['vɛzvatʃ tak'sufkɛ̃]
een taxi nemen	wziąć taksówkę	[vʑɔ́jtʃ tak'sufkɛ̃]

verkeer (het)	ruch (m) uliczny	[ruh u'litʃnɨ]
file (de)	korek (m)	['kɔrɛk]
spitsuur (het)	godziny (l.mn.) szczytu	[gɔ'dʑinɨ 'ʃtʃɨtu]
parkeren (on.ww.)	parkować	[par'kɔvatʃ]
parkeren (ov.ww.)	parkować	[par'kɔvatʃ]
parking (de)	parking (m)	['parkiŋk]

metro (de)	metro (n)	['mɛtrɔ]
halte (bijv. kleine treinhalte)	stacja (z)	['statsʰja]
de metro nemen	jechać metrem	['ehatʃ 'mɛtrɛm]
trein (de)	pociąg (m)	['pɔtʃɔ̃k]
station (treinstation)	dworzec (m)	['dvɔʒɛts]

57. Bezienswaardigheden

monument (het)	pomnik (m)	['pɔmnik]
vesting (de)	twierdza (z)	['tferdza]
paleis (het)	pałac (m)	['pawats]
kasteel (het)	zamek (m)	['zamɛk]
toren (de)	wieża (z)	['veʒa]
mausoleum (het)	mauzoleum (n)	[mauzɔ'leum]

architectuur (de)	architektura (z)	[arhitɛk'tura]
middeleeuws (bn)	średniowieczny	[ɕrɛdnɜ'vetʃnɨ]
oud (bn)	zabytkowy	[zabɨt'kɔvɨ]
nationaal (bn)	narodowy	[narɔ'dɔvɨ]
bekend (bn)	znany	['znanɨ]
toerist (de)	turysta (m)	[tu'rista]
gids (de)	przewodnik (m)	[pʃɛ'vɔdnik]

rondleiding (de)	wycieczka (ż)	[viˈtʃetʃka]
tonen (ww)	pokazywać	[pɔkaˈzivatʃ]
vertellen (ww)	opowiadać	[ɔpɔˈvʲadatʃ]
vinden (ww)	znaleźć	[ˈznaleɕtʃ]
verdwalen (de weg kwijt zijn)	zgubić się	[ˈzgubitʃ ɕɛ̃]
plattegrond (~ van de metro)	plan (m)	[pʎan]
plattegrond (~ van de stad)	plan (m)	[pʎan]
souvenir (het)	pamiątka (ż)	[pamɔ̃tka]
souvenirwinkel (de)	sklep (m) z upominkami	[sklep s upɔmiˈŋkami]
een foto maken (ww)	robić zdjęcia	[ˈrɔbitʃ ˈzdʰɛ̃tʃa]
zich laten fotograferen	fotografować się	[fɔtɔgraˈfɔvatʃ ɕɛ̃]

58. Winkelen

kopen (ww)	kupować	[kuˈpɔvatʃ]
aankoop (de)	zakup (m)	[ˈzakup]
winkelen (ww)	robić zakupy	[ˈrɔbitʃ zaˈkupi]
winkelen (het)	zakupy (l.mn.)	[zaˈkupi]
open zijn (ov. een winkel, enz.)	być czynnym	[bitʃ ˈtʃiɲim]
gesloten zijn (ww)	być nieczynnym	[bitʃ netˈʃiɲim]
schoeisel (het)	obuwie (n)	[ɔˈbuve]
kleren (mv.)	odzież (ż)	[ˈɔdʒeʃ]
cosmetica (de)	kosmetyki (l.mn.)	[kɔsˈmɛtiki]
voedingswaren (mv.)	artykuły (l.mn.) spożywcze	[artiˈkuwi spɔˈʒiftʃɛ]
geschenk (het)	prezent (m)	[ˈprɛzɛnt]
verkoper (de)	ekspedient (m)	[ɛksˈpɛdʰent]
verkoopster (de)	ekspedientka (ż)	[ɛkspedʰˈentka]
kassa (de)	kasa (ż)	[ˈkasa]
spiegel (de)	lustro (n)	[ˈlystrɔ]
toonbank (de)	lada (ż)	[ˈʎada]
paskamer (de)	przymierzalnia (ż)	[pʃimeˈʒaʎɲa]
aanpassen (ww)	przymierzyć	[pʃiˈmeʒitʃ]
passen (ov. kleren)	pasować	[paˈsɔvatʃ]
bevallen (prettig vinden)	podobać się	[pɔˈdɔbatʃ ɕɛ̃]
prijs (de)	cena (ż)	[ˈtsɛna]
prijskaartje (het)	metka (ż)	[ˈmɛtka]
kosten (ww)	kosztować	[kɔʃˈtɔvatʃ]
Hoeveel?	Ile kosztuje?	[ˈile kɔʃˈtue]
korting (de)	zniżka (ż)	[ˈzniʃka]
niet duur (bn)	niedrogi	[nedˈrɔgi]
goedkoop (bn)	tani	[ˈtani]
duur (bn)	drogi	[ˈdrɔgi]
Dat is duur.	To dużo kosztuje	[tɔ ˈduʒɔ kɔʃˈtue]
verhuur (de)	wypożyczalnia (ż)	[vipɔʒitˈʃaʎɲa]

huren (smoking, enz.)	wypożyczyć	[vɨpɔ'ʒɨtʃitʃ]
krediet (het)	kredyt (m)	['krɛdɨt]
op krediet (bw)	na kredyt	[na 'krɛdɨt]

59. Geld

geld (het)	pieniądze (l.mn.)	[pen͡ɔdzɛ]
ruil (de)	wymiana (ż)	[vɨ'mʲana]
koers (de)	kurs (m)	[kurs]
geldautomaat (de)	bankomat (m)	[ba'ŋkɔmat]
muntstuk (de)	moneta (ż)	[mɔ'nɛta]
dollar (de)	dolar (m)	['dɔʎar]
euro (de)	euro (m)	['ɛurɔ]
lire (de)	lir (m)	[lir]
Duitse mark (de)	marka (ż)	['marka]
frank (de)	frank (m)	[fraŋk]
pond sterling (het)	funt szterling (m)	[funt 'ʃtɛrliŋk]
yen (de)	jen (m)	[en]
schuld (geldbedrag)	dług (m)	[dwuk]
schuldenaar (de)	dłużnik (m)	['dwuʒnik]
uitlenen (ww)	pożyczyć	[pɔ'ʒɨtʃitʃ]
lenen (geld ~)	pożyczyć od ...	[pɔ'ʒɨtʃitʃ ɔt]
bank (de)	bank (m)	[baŋk]
bankrekening (de)	konto (n)	['kɔntɔ]
op rekening storten	wpłacić na konto	['vpwatʃitʃ na 'kɔntɔ]
opnemen (ww)	podjąć z konta	['pɔdʰɔ̃tʃ s 'kɔnta]
kredietkaart (de)	karta (ż) kredytowa	['karta krɛdɨ'tɔva]
baar geld (het)	gotówka (ż)	[gɔ'tufka]
cheque (de)	czek (m)	[tʃɛk]
een cheque uitschrijven	wystawić czek	[vɨs'tavitʃ tʃɛk]
chequeboekje (het)	książeczka (ż) czekowa	[kɕɔ̃'ʒɛtʃka tʃɛ'kɔva]
portefeuille (de)	portfel (m)	['pɔrtfɛʎ]
geldbeugel (de)	portmonetka (ż)	[pɔrtmɔ'nɛtka]
portemonnee (de)	portmonetka (ż)	[pɔrtmɔ'nɛtka]
safe (de)	sejf (m)	[sɛjf]
erfgenaam (de)	spadkobierca (m)	[spatkɔ'bertsa]
erfenis (de)	spadek (m)	['spadɛk]
fortuin (het)	majątek (m)	[ma͡ɔtɛk]
huur (de)	dzierżawa (ż)	[dʑer'ʒava]
huurprijs (de)	czynsz (m)	[tʃɨnʃ]
huren (huis, kamer)	wynajmować	[vɨnaj'mɔvatʃ]
prijs (de)	cena (ż)	['tsɛna]
kostprijs (de)	wartość (ż)	['vartɔɕtʃ]
som (de)	suma (ż)	['suma]
uitgeven (geld besteden)	wydawać	[vɨ'davatʃ]

kosten (mv.)	wydatki (l.mn.)	[vi'datki]
bezuinigen (ww)	oszczędzać	[ɔʃt'ʃendzatʃ]
zuinig (bn)	ekonomiczny	[ɛkɔnɔ'mitʃni]
betalen (ww)	płacić	['pwatʃitʃ]
betaling (de)	opłata (ż)	[ɔp'wata]
wisselgeld (het)	reszta (ż)	['rɛʃta]
belasting (de)	podatek (m)	[pɔ'datɛk]
boete (de)	kara (ż)	['kara]
beboeten (bekeuren)	karać grzywną	['karatʃ 'gʒivnɔ̃]

60. Post. Postkantoor

postkantoor (het)	poczta (ż)	['pɔtʃta]
post (de)	poczta (ż)	['pɔtʃta]
postbode (de)	listonosz (m)	[lis'tɔnɔʃ]
openingsuren (mv.)	godziny (l.mn.) pracy	[gɔ'dʒini 'pratsi]
brief (de)	list (m)	[list]
aangetekende brief (de)	list (m) polecony	[list pɔle'tsɔni]
briefkaart (de)	pocztówka (ż)	[pɔtʃ'tufka]
telegram (het)	telegram (m)	[tɛ'legram]
postpakket (het)	paczka (ż)	['patʃka]
overschrijving (de)	przekaz (m) pieniężny	['pʃɛkas pe'nenʒni]
ontvangen (ww)	odebrać	[ɔ'dɛbratʃ]
sturen (zenden)	wysłać	['viswatʃ]
verzending (de)	wysłanie (n)	[vis'wane]
adres (het)	adres (m)	['adrɛs]
postcode (de)	kod (m) pocztowy	[kɔt pɔtʃ'tɔvi]
verzender (de)	nadawca (m)	[na'daftsa]
ontvanger (de)	odbiorca (m)	[ɔd'bɔrtsa]
naam (de)	imię (n)	['imɛ̃]
achternaam (de)	nazwisko (n)	[naz'viskɔ]
tarief (het)	taryfa (ż)	[ta'rifa]
standaard (bn)	zwykła	['zvikwa]
zuinig (bn)	oszczędna	[ɔʃt'ʃendna]
gewicht (het)	ciężar (m)	['tʃenʒar]
afwegen (op de weegschaal)	ważyć	['vaʒitʃ]
envelop (de)	koperta (ż)	[kɔ'pɛrta]
postzegel (de)	znaczek (m)	['znatʃɛk]
een postzegel plakken op	naklejać znaczek	[nak'lejatʃ 'znatʃɛk]

Woning. Huis. Thuis

61. Huis. Elektriciteit

elektriciteit (de)	elektryczność (ż)	[ɛlekt'ritʃnɔɕtʃ]
lamp (de)	żarówka (ż)	[ʒa'rufka]
schakelaar (de)	wyłącznik (m)	[vi'wɔ̃tʃnik]
zekering (de)	korki (l.mn.)	['kɔrki]

draad (de)	przewód (m)	['pʃɛvut]
bedrading (de)	instalacja (ż) elektryczna	[insta'ʎatsʰja ɛlekt'ritʃna]
elektriciteitsmeter (de)	licznik (m) prądu	['litʃnik 'prɔ̃du]
gegevens (mv.)	odczyt (m)	['ɔdʃtʃit]

62. Villa. Herenhuis

landhuisje (het)	dom (m) za miastem	[dɔm za 'mʲastɛm]
villa (de)	willa (ż)	['viʎa]
vleugel (de)	skrzydło (n)	['skʃidwɔ]

tuin (de)	ogród (m)	['ɔgrut]
park (het)	park (m)	[park]
oranjerie (de)	szklarnia (ż)	['ʃkʎarɲa]
onderhouden (tuin, enz.)	pielęgnować	[pelɛ̃g'nɔvatʃ]

zwembad (het)	basen (m)	['basɛn]
gym (het)	sala (ż) gimnastyczna	['saʎa gimnas'titʃna]
tennisveld (het)	kort (m) tenisowy	[kɔrt tɛni'sɔvi]
bioscoopkamer (de)	pokój TV (m)	['pɔkɔj tɛ 'fau]
garage (de)	garaż (m)	['garaʃ]

privé-eigendom (het)	własność (ż) prywatna	['vwasnɔɕtʃ pri'vatna]
eigen terrein (het)	posesja (ż) prywatna	[pɔ'sɛsʰja pri'vatna]

waarschuwing (de)	ostrzeżenie (n)	[ɔstʃɛ'ʒɛne]
waarschuwingsbord (het)	tabliczka (ż) ostrzegawcza	[tab'litʃka ɔstʃɛ'gaftʃa]

bewaking (de)	ochrona (ż)	[ɔh'rɔna]
bewaker (de)	ochroniarz (m)	[ɔh'rɔɲaʃ]
inbraakalarm (het)	alarm (m)	['aʎarm]

63. Appartement

appartement (het)	mieszkanie (n)	[meʃ'kane]
kamer (de)	pokój (m)	['pɔkuj]
slaapkamer (de)	sypialnia (ż)	[si'pʲaʎɲa]

eetkamer (de)	jadalnia (ż)	[ja'daʎɲa]
salon (de)	salon (m)	['salɜn]
studeerkamer (de)	gabinet (m)	[ga'binɛt]
gang (de)	przedpokój (m)	[pʃɛt'pɔkuj]
badkamer (de)	łazienka (ż)	[wa'ʒeŋka]
toilet (het)	toaleta (ż)	[tɔa'leta]
plafond (het)	sufit (m)	['sufit]
vloer (de)	podłoga (ż)	[pɔd'wɔga]
hoek (de)	kąt (m)	[kɔ̃t]

64. Meubels. Interieur

meubels (mv.)	meble (l.mn.)	['mɛble]
tafel (de)	stół (m)	[stɔw]
stoel (de)	krzesło (n)	['kʃɛswɔ]
bed (het)	łóżko (n)	['wuʃkɔ]
bankstel (het)	kanapa (ż)	[ka'napa]
fauteuil (de)	fotel (m)	['fotɛʎ]
boekenkast (de)	biblioteczka (ż)	[bibʎjɔ'tɛtʃka]
boekenrek (het)	półka (ż)	['puwka]
stellingkast (de)	etażerka (ż)	[ɛta'ʒɛrka]
kledingkast (de)	szafa (ż) ubraniowa	['ʃafa ubra'nɜva]
kapstok (de)	wieszak (m)	['veʃak]
staande kapstok (de)	wieszak (m)	['veʃak]
commode (de)	komoda (ż)	[kɔ'mɔda]
salontafeltje (het)	stolik (m) kawowy	['stɔlik ka'vɔvɨ]
spiegel (de)	lustro (n)	['lystrɔ]
tapijt (het)	dywan (m)	['dɨvan]
tapijtje (het)	dywanik (m)	[dɨ'vanik]
haard (de)	kominek (m)	[kɔ'minɛk]
kaars (de)	świeca (ż)	['ɕfetsa]
kandelaar (de)	świecznik (m)	['ɕfetʃnik]
gordijnen (mv.)	zasłony (l.mn.)	[zas'wɔnɨ]
behang (het)	tapety (l.mn.)	[ta'pɛtɨ]
jaloezie (de)	żaluzje (l.mn.)	[ʒa'lyzʰe]
bureaulamp (de)	lampka (ż) na stół	['ʎampka na stɔw]
wandlamp (de)	lampka (ż)	['ʎampka]
staande lamp (de)	lampa (ż) stojąca	['ʎampa stɔ̈'tsa]
luchter (de)	żyrandol (m)	[ʒɨ'randɔʎ]
poot (ov. een tafel, enz.)	noga (ż)	['nɔga]
armleuning (de)	poręcz (ż)	['pɔrɛ̃tʃ]
rugleuning (de)	oparcie (n)	[ɔ'partɕe]
la (de)	szuflada (ż)	[ʃuf'ʎada]

65. Beddengoed

beddengoed (het)	pościel (ż)	['pɔɕtʃeʎ]
kussen (het)	poduszka (ż)	[pɔ'duʃka]
kussenovertrek (de)	poszewka (ż)	[pɔ'ʃɛfka]
deken (de)	kołdra (ż)	['kɔwdra]
laken (het)	prześcieradło (n)	[pʃɛɕtʃe'radwɔ]
sprei (de)	narzuta (ż)	[na'ʒuta]

66. Keuken

keuken (de)	kuchnia (ż)	['kuhɲa]
gas (het)	gaz (m)	[gas]
gasfornuis (het)	kuchenka (ż) gazowa	[ku'hɛŋka ga'zɔva]
elektrisch fornuis (het)	kuchenka (ż) elektryczna	[ku'hɛŋka ɛlekt'ritʃna]
oven (de)	piekarnik (m)	[pe'karnik]
magnetronoven (de)	mikrofalówka (ż)	[mikrɔfa'lyfka]
koelkast (de)	lodówka (ż)	[lɔ'dufka]
diepvriezer (de)	zamrażarka (ż)	[zamra'ʒarka]
vaatwasmachine (de)	zmywarka (ż) do naczyń	[zmɨ'varka dɔ 'natʃɨɲ]
vleesmolen (de)	maszynka (ż) do mięsa	[ma'ʃɨŋka dɔ 'mensa]
vruchtenpers (de)	sokowirówka (ż)	[sɔkɔvi'rufka]
toaster (de)	toster (m)	['tɔstɛr]
mixer (de)	mikser (m)	['miksɛr]
koffiemachine (de)	ekspres (m) do kawy	['ɛksprɛs dɔ 'kavɨ]
koffiepot (de)	dzbanek (m) do kawy	['dzbanɛk dɔ 'kavɨ]
koffiemolen (de)	młynek (m) do kawy	['mwɨnɛk dɔ 'kavɨ]
fluitketel (de)	czajnik (m)	['tʃajnik]
theepot (de)	czajniczek (m)	[tʃaj'nitʃɛk]
deksel (de/het)	pokrywka (ż)	[pɔk'rɨfka]
theezeefje (het)	sitko (n)	['ɕitkɔ]
lepel (de)	łyżka (ż)	['wɨʃka]
theelepeltje (het)	łyżeczka (ż)	[wɨ'ʒɛtʃka]
eetlepel (de)	łyżka (ż) stołowa	['wɨʃka stɔ'wɔva]
vork (de)	widelec (m)	[vi'dɛlets]
mes (het)	nóż (m)	[nuʃ]
vaatwerk (het)	naczynia (l.mn.)	[nat'ʃɨɲa]
bord (het)	talerz (m)	['taleʃ]
schoteltje (het)	spodek (m)	['spɔdɛk]
likeurglas (het)	kieliszek (m)	[ke'liʃɛk]
glas (het)	szklanka (ż)	['ʃkʎaŋka]
kopje (het)	filiżanka (ż)	[fili'ʒaŋka]
suikerpot (de)	cukiernica (ż)	[tsuker'nitsa]
zoutvat (het)	solniczka (ż)	[sɔʎ'nitʃka]
pepervat (het)	pieprzniczka (ż)	[pepʃ'nitʃka]

boterschaaltje (het)	maselniczka (ż)	[masɛʎ'nitʃka]
steelpan (de)	garnek (m)	['garnɛk]
bakpan (de)	patelnia (ż)	[pa'tɛʎɲa]
pollepel (de)	łyżka (ż) wazowa	['wiʃka va'zɔva]
vergiet (de/het)	durszlak (m)	['durʃʎak]
dienblad (het)	taca (ż)	['tatsa]
fles (de)	butelka (ż)	[bu'tɛʎka]
glazen pot (de)	słoik (m)	['swɔik]
blik (conserven~)	puszka (ż)	['puʃka]
flesopener (de)	otwieracz (m) do butelek	[ɔt'feratʃ dɛ bu'tɛlek]
blikopener (de)	otwieracz (m) do puszek	[ɔt'feratʃ dɛ 'puʃɛk]
kurkentrekker (de)	korkociąg (m)	[kɔr'kɔtʃɔ̃k]
filter (de/het)	filtr (m)	[fiʎtr]
filteren (ww)	filtrować	[fiʎt'rɔvatʃ]
huisvuil (het)	odpadki (l.mn.)	[ɔt'patki]
vuilnisemmer (de)	kosz (m) na śmieci	[kɔʃ na 'ɕmetʃi]

67. Badkamer

badkamer (de)	łazienka (ż)	[wa'ʒeŋka]
water (het)	woda (ż)	['vɔda]
kraan (de)	kran (m)	[kran]
warm water (het)	gorąca woda (ż)	[gɔ'rɔ̃tsa 'vɔda]
koud water (het)	zimna woda (ż)	['ʒimna 'vɔda]
tandpasta (de)	pasta (ż) do zębów	['pasta dɔ 'zɛ̃buf]
tanden poetsen (ww)	myć zęby	[mitʃ 'zɛ̃bi]
zich scheren (ww)	golić się	['gɔlitʃ ɕɛ̃]
scheercrème (de)	pianka (ż) do golenia	['pʲaŋka dɔ gɔ'leɲa]
scheermes (het)	maszynka (ż) do golenia	[ma'ʃiŋka dɔ gɔ'leɲa]
wassen (ww)	myć	[mitʃ]
een bad nemen	myć się	['mitʃ ɕɛ̃]
douche (de)	prysznic (m)	['priʃnits]
een douche nemen	brać prysznic	[bratʃ 'priʃnits]
bad (het)	wanna (ż)	['vana]
toiletpot (de)	sedes (m)	['sɛdɛs]
wastafel (de)	zlew (m)	[zlef]
zeep (de)	mydło (n)	['midwɔ]
zeepbakje (het)	mydelniczka (ż)	[midɛʎ'nitʃka]
spons (de)	gąbka (ż)	['gɔ̃pka]
shampoo (de)	szampon (m)	['ʃampɔn]
handdoek (de)	ręcznik (m)	['rɛntʃnik]
badjas (de)	szlafrok (m)	['ʃʎafrɔk]
was (bijv. handwas)	pranie (n)	['prane]
wasmachine (de)	pralka (ż)	['praʎka]

de was doen	prać	[pratɕ]
waspoeder (de)	proszek (m) do prania	['prɔʃɛk dɔ 'praɲa]

68. Huishoudelijke apparaten

televisie (de)	telewizor (m)	[tɛle'vizɔr]
cassettespeler (de)	magnetofon (m)	[magnɛ'tɔfɔn]
videorecorder (de)	magnetowid (m)	[magnɛ'tɔvid]
radio (de)	odbiornik (m)	[ɔd'bɔrnik]
speler (de)	odtwarzacz (m)	[ɔtt'vaʒatʃ]
videoprojector (de)	projektor (m) wideo	[prɔ'ektɔr vi'dɛɔ]
home theater systeem (het)	kino (n) domowe	['kinɔ dɔ'mɔvɛ]
DVD-speler (de)	odtwarzacz DVD (m)	[ɔtt'vaʒatʃ di vi di]
versterker (de)	wzmacniacz (m)	['vzmatsɲatʃ]
spelconsole (de)	konsola (z) do gier	[kɔn'sɔʎa dɔ ger]
videocamera (de)	kamera (z) wideo	[ka'mɛra vi'dɛɔ]
fotocamera (de)	aparat (m) fotograficzny	[a'parat fɔtɔgra'fitʃɲi]
digitale camera (de)	aparat (m) cyfrowy	[a'parat tsif'rɔvɨ]
stofzuiger (de)	odkurzacz (m)	[ɔt'kuʒatʃ]
strijkijzer (het)	żelazko (n)	[ʒɛ'ʎaskɔ]
strijkplank (de)	deska (z) do prasowania	['dɛska dɔ prasɔ'vaɲa]
telefoon (de)	telefon (m)	[tɛ'lefɔn]
mobieltje (het)	telefon (m) komórkowy	[tɛ'lefɔn kɔmur'kɔvɨ]
schrijfmachine (de)	maszyna (z) do pisania	[ma'ʃɨna dɔ pi'saɲa]
naaimachine (de)	maszyna (z) do szycia	[ma'ʃɨna dɔ 'ʃɨtɕa]
microfoon (de)	mikrofon (m)	[mik'rɔfɔn]
koptelefoon (de)	słuchawki (l.mn.)	[swu'hafki]
afstandsbediening (de)	pilot (m)	['pilɔt]
CD (de)	płyta CD (z)	['pwɨta si'di]
cassette (de)	kaseta (z)	[ka'sɛta]
vinylplaat (de)	płyta (z)	['pwɨta]

MENSELIJKE ACTIVITEITEN

Baan. Business. Deel 1

69. Kantoor. Op kantoor werken

kantoor (het)	biuro (n)	['byrɔ]
kamer (de)	biuro (n)	['byrɔ]
secretaris (de)	sekretarka (ż)	[sɛkrɛ'tarka]
directeur (de)	dyrektor (m)	[dɨ'rɛktɔr]
manager (de)	menedżer (m)	[mɛ'nɛdʒɛr]
boekhouder (de)	księgowy (m)	[kɕɛ̃'gɔvɨ]
werknemer (de)	pracownik (ż)	[pra'tsɔvnik]
meubilair (het)	meble (l.mn.)	['mɛblɛ]
tafel (de)	biurko (n)	['byrkɔ]
bureaustoel (de)	fotel (m)	['fɔtɛʎ]
ladeblok (het)	kontener (m)	[kɔn'tɛnɛr]
kapstok (de)	wieszak (m)	['vɛʃak]
computer (de)	komputer (m)	[kɔm'putɛr]
printer (de)	drukarka (ż)	[dru'karka]
fax (de)	faks (m)	[faks]
kopieerapparaat (het)	kserokopiarka (ż)	[ksɛrɔkɔ'pʲarka]
papier (het)	papier (m)	['papɛr]
kantoorartikelen (mv.)	materiały (l.mn.) biurowe	[matɛrʰ'jawɨ by'rɔvɛ]
muismat (de)	podkładka (ż) pod myszkę	[pɔtk'watka pɔd 'mɨʃkɛ]
blad (het)	kartka (ż)	['kartka]
ordner (de)	teczka (ż)	['tɛtʃka]
catalogus (de)	katalog (m)	[ka'talɔk]
telefoongids (de)	informator (m)	[infɔr'matɔr]
documentatie (de)	dokumentacja (ż)	[dɔkumɛn'tatsʰja]
brochure (de)	broszura (ż)	[brɔ'ʃura]
flyer (de)	ulotka (ż)	[u'lɔtka]
monster (het), staal (de)	próbka (ż)	['prɔbka]
training (de)	szkolenie (n)	[ʃkɔ'lɛnɛ]
vergadering (de)	narada (ż)	[na'rada]
lunchpauze (de)	przerwa (ż) obiadowa	['pʃɛrva ɔbʲa'dɔva]
een kopie maken	kopiować	[kɔ'pʲɔvatʃ]
de kopieën maken	skopiować	[skɔ'pʲɔvatʃ]
een fax ontvangen	dostawać faks	[dɔs'tavatʃ 'faks]
een fax versturen	wysyłać faks	[vɨ'siwatʃ faks]
opbellen (ww)	zadzwonić	[zadz'vɔnitʃ]
antwoorden (ww)	odpowiedzieć	[ɔtpɔ'vɛdʒɛtʃ]

doorverbinden (ww)	połączyć	[pɔ'wɔ̃tʃitʃ]
afspreken (ww)	umówić	[u'muvitʃ]
demonstreren (ww)	przedstawiać	[pʃɛts'tavʲatʃ]
absent zijn (ww)	być nieobecnym	[bitʃ neɔ'bɛtsnim]
afwezigheid (de)	nieobecność (z)	[neɔ'bɛtsnɔɕtʃ]

70. Bedrijfsprocessen. Deel 1

zaak (de), beroep (het)	zajęcie (n)	[za'ɛ̃tʃɛ]
firma (de)	firma (z)	['firma]
bedrijf (maatschap)	spółka (z)	['spuwka]
corporatie (de)	korporacja (z)	[kɔrpɔ'ratsʰja]
onderneming (de)	przedsiębiorstwo (n)	[pʃɛtɕɛ̃'bɔrstfɔ]
agentschap (het)	agencja (z)	[a'gɛntsʰja]
overeenkomst (de)	umowa (z)	[u'mɔva]
contract (het)	kontrakt (m)	['kɔntrakt]
transactie (de)	umowa (z)	[u'mɔva]
bestelling (de)	zamówienie (n)	[zamu'vene]
voorwaarde (de)	warunek (m)	[va'runɛk]
in het groot (bw)	hurtem	['hurtɛm]
groothandels- (abn)	hurtowy	[hur'tɔvi]
groothandel (de)	sprzedaż (z) hurtowa	['spʃɛdaʃ hur'tɔva]
kleinhandels- (abn)	detaliczny	[dɛta'litʃni]
kleinhandel (de)	sprzedaż (z) detaliczna	['spʃɛdaʃ dɛta'litʃna]
concurrent (de)	konkurent (m)	[kɔ'ŋkurɛnt]
concurrentie (de)	konkurencja (z)	[kɔŋku'rɛntsʰja]
concurreren (ww)	konkurować	[kɔŋku'rɔvatʃ]
partner (de)	wspólnik (m)	['fspɔʎnik]
partnerschap (het)	partnerstwo (n)	[part'nɛrstfɔ]
crisis (de)	kryzys (m)	['krizis]
bankroet (het)	bankructwo (n)	[baŋk'rutstfɔ]
bankroet gaan (ww)	zbankrutować	[zbaŋkru'tɔvatʃ]
moeilijkheid (de)	trudności (l.mn.)	[trud'nɔɕtʃi]
probleem (het)	problem (m)	['prɔblem]
catastrofe (de)	katastrofa (z)	[katast'rɔfa]
economie (de)	gospodarka (z)	[gɔspɔ'darka]
economisch (bn)	gospodarczy	[gɔspɔ'dartʃi]
economische recessie (de)	recesja (z)	[rɛ'tsɛsʰja]
doel (het)	cel (m)	[tsɛʎ]
taak (de)	zadanie (n)	[za'dane]
handelen (handel drijven)	handlować	[hand'lɔvatʃ]
netwerk (het)	sieć (z)	[ɕetʃ]
voorraad (de)	skład (m)	[skwat]
assortiment (het)	asortyment (m)	[asɔr'timɛnt]
leider (de)	lider (m)	['lidɛr]
groot (bn)	duży	['duʒi]

monopolie (het)	monopol (m)	[mɔˈnɔpɔʎ]
theorie (de)	teoria (ż)	[tɛˈɔrʰja]
praktijk (de)	praktyka (ż)	[ˈpraktika]
ervaring (de)	doświadczenie (n)	[dɔɕvʲattˈʃɛne]
tendentie (de)	tendencja (ż)	[tɛnˈdɛntsʰja]
ontwikkeling (de)	rozwój (m)	[ˈrɔzvuj]

71. Bedrijfsprocessen. Deel 2

| voordeel (het) | korzyści (l.mn.) | [kɔˈʑiɕtʃi] |
| voordelig (bn) | korzystny | [kɔˈʑistnɨ] |

delegatie (de)	delegacja (ż)	[dɛleˈgatsʰja]
salaris (het)	pensja (ż)	[ˈpɛnsʰja]
corrigeren (fouten ~)	naprawiać	[napˈravʲatʃ]
zakenreis (de)	wyjazd (m) służbowy	[ˈvɨjast swuʒˈbovɨ]
commissie (de)	komisja (ż)	[kɔˈmisʰja]

controleren (ww)	kontrolować	[kɔntrɔˈlɔvatʃ]
conferentie (de)	konferencja (ż)	[kɔnfɛˈrɛntsʰja]
licentie (de)	licencja (ż)	[liˈtsɛntsʰja]
betrouwbaar (partner, enz.)	pewny	[ˈpɛvnɨ]

aanzet (de)	przedsięwzięcie (n)	[pʃɛdɕenvˈʒentʃe]
norm (bijv. ~ stellen)	norma (ż)	[ˈnɔrma]
omstandigheid (de)	okoliczność (ż)	[ɔkɔˈlitʃnɔɕtʃ]
taak, plicht (de)	obowiązek (m)	[ɔbɔvɔ̃zɛk]

organisatie (bedrijf, zaak)	organizacja (m)	[ɔrganiˈzatsja]
organisatie (proces)	organizacja (m)	[ɔrganiˈzatsja]
georganiseerd (bn)	zorganizowany	[zɔrganizɔˈvanɨ]
afzegging (de)	odwołanie (n)	[ɔdvɔˈwane]
afzeggen (ww)	odwołać	[ɔdˈvɔwatʃ]
verslag (het)	sprawozdanie (n)	[spravɔzˈdane]

patent (het)	patent (m)	[ˈpatɛnt]
patenteren (ww)	opatentować	[ɔpatɛnˈtɔvatʃ]
plannen (ww)	planować	[pʎaˈnɔvatʃ]

premie (de)	premia (ż)	[ˈprɛmʰja]
professioneel (bn)	profesjonalny	[prɔfɛsʰʒˈnaʎnɨ]
procedure (de)	procedura (ż)	[prɔtsɛˈdura]

onderzoeken (contract, enz.)	rozpatrzyć	[rɔsˈpatʃitʃ]
berekening (de)	wyliczenie (n)	[vɨliˈtʃɛnie]
reputatie (de)	reputacja (ż)	[rɛpuˈtatsʰja]
risico (het)	ryzyko (n)	[ˈrizikɔ]

beheren (managen)	kierować	[keˈrɔvatʃ]
informatie (de)	wiadomości (l.mn.)	[vʲadɔˈmɔɕtʃi]
eigendom (bezit)	własność (ż)	[ˈvwasnɔɕtʃ]
unie (de)	związek (m)	[zvɔ̃zɛk]
levensverzekering (de)	ubezpieczenie (n) na życie	[ubɛspetˈʃene na ˈʑitʃe]
verzekeren (ww)	ubezpieczać	[ubɛsˈpetʃatʃ]

T&P Books. Thematische woordenschat Nederlands-Pools - 5000 woorden

verzekering (de)	ubezpieczenie (n)	[ubɛspet'ʃɛne]
veiling (de)	przetarg (m)	['pʃɛtark]
verwittigen (ww)	powiadomić	[povʲa'domitʃ]
beheer (het)	zarządzanie (n)	[zaʒɔ̃'dzane]
dienst (de)	usługa (ż)	[us'wuga]
forum (het)	forum (n)	['fɔrum]
functioneren (ww)	funkcjonować	[fuŋktsʰʒ'nɔvatʃ]
stap, etappe (de)	etap (m)	['ɛtap]
juridisch (bn)	prawny	['pravnɨ]
jurist (de)	prawnik (m)	['pravnik]

72. Productie. Werken

industriële installatie (fabriek)	zakład (m)	['zakwat]
fabriek (de)	fabryka (ż)	['fabrɨka]
werkplaatsruimte (de)	cech (m)	[tsɛh]
productielocatie (de)	zakład (m)	['zakwat]
industrie (de)	przemysł (m)	['pʃɛmɨsw]
industrieel (bn)	przemysłowy	[pʃɛmɨs'wɔvɨ]
zware industrie (de)	przemysł (m) ciężki	['pʃɛmɨsw 'tʃɛnʃki]
lichte industrie (de)	przemysł (m) lekki	['pʃɛmɨsw 'lekki]
productie (de)	produkcja (ż)	[prɔ'duktsʰja]
produceren (ww)	produkować	[prɔdu'kɔvatʃ]
grondstof (de)	surowiec (m)	[su'rɔvets]
voorman, ploegbaas (de)	brygadzista (m)	[briga'dʒista]
ploeg (de)	brygada (m)	[brɨ'gada]
arbeider (de)	robotnik (m)	[rɔ'bɔtnik]
werkdag (de)	dzień (m) roboczy	[dʒeɲ rɔ'bɔtʃɨ]
pauze (de)	przerwa (ż)	['pʃɛrva]
samenkomst (de)	zebranie (n)	[zɛb'rane]
bespreken (spreken over)	omawiać	[ɔ'mavʲatʃ]
plan (het)	plan (m)	[pʎan]
het plan uitvoeren	wykonywać plan	[vɨkɔ'nɨvatʃ pʎan]
productienorm (de)	norma (ż)	['nɔrma]
kwaliteit (de)	jakość (ż)	['jakɔɕtʃ]
controle (de)	kontrola (ż)	[kɔnt'rɔʎa]
kwaliteitscontrole (de)	kontrola (ż) jakości	[kɔnt'rɔʎa ja'kɔɕtʃi]
arbeidsveiligheid (de)	bezpieczeństwo (n) pracy	[bɛspet'ʃɛɲstfɔ 'pratsɨ]
discipline (de)	dyscyplina (ż)	[distsɨp'lina]
overtreding (de)	naruszenie (n)	[naru'ʃɛne]
overtreden (ww)	naruszać	[na'ruʃatʃ]
staking (de)	strajk (m)	[strajk]
staker (de)	strajkujący (m)	[strajkuɔ̃tsɨ]
staken (ww)	strajkować	[straj'kɔvatʃ]
vakbond (de)	związek (m) zawodowy	[zvɔ̃zɛk zavɔ'dɔvɨ]
uitvinden (machine, enz.)	wynalazać	[vɨna'ʎazatʃ]

uitvinding (de)	wynalazek (m)	[vɨna'ɫazɛk]
onderzoek (het)	badanie (z)	[ba'dane]
verbeteren (beter maken)	udoskonalać	[udɔskɔ'naɫatɕ]
technologie (de)	technologia (z)	[tɛhnɔ'lɔgʰja]
technische tekening (de)	rysunek (m) techniczny	[ri'sunɛk tɛh'nitʃnɛ]

vracht (de)	ładunek (m)	[wa'dunɛk]
lader (de)	ładowacz (m)	[wa'dɔvatʃ]
laden (vrachtwagen)	ładować	[wa'dɔvatɕ]
laden (het)	załadunek (m)	[zawa'dunɛk]
lossen (ww)	rozładowywać	[rɔzwadɔ'vɨvatɕ]
lossen (het)	rozładunek (m)	[rɔzwa'dunɛk]

transport (het)	transport (m)	['transpɔrt]
transportbedrijf (de)	firma (z) transportowa	['firma transpɔr'tɔva]
transporteren (ww)	przewozić	[pʃɛ'vɔʑitɕ]

goederenwagon (de)	wagon (m) towarowy	['vagɔn tɔva'rɔvɨ]
tank (bijv. ketelwagen)	cysterna (z)	[tsɨs'tɛrna]
vrachtwagen (de)	ciężarówka (z)	[tɕɛ̃ʒa'rufka]

machine (de)	obrabiarka (z)	[ɔbra'bʲarka]
mechanisme (het)	mechanizm (m)	[mɛ'hanizm]

industrieel afval (het)	odpady (l.mn.)	[ɔt'padɨ]
verpakking (de)	pakowanie (n)	[pakɔ'vane]
verpakken (ww)	zapakować	[zapa'kɔvatɕ]

73. Contract. Overeenstemming.

contract (het)	kontrakt (m)	['kɔntrakt]
overeenkomst (de)	umowa (z)	[u'mɔva]
bijlage (de)	załącznik (m)	[za'wɔ̃tʃnik]

een contract sluiten	zawrzeć kontrakt	['zavʒɛtɕ 'kɔntrakt]
handtekening (de)	podpis (m)	['pɔdpis]

ondertekenen (ww)	podpisać	[pɔd'pisatɕ]
stempel (de)	pieczęć (z)	[pet'ʃɛ̃tɕ]

voorwerp (het) van de overeenkomst	przedmiot (m) umowy	['pʃɛdmɔt u'mɔvɨ]
clausule (de)	punkt (m)	[puŋkt]

partijen (mv.)	strony (l.mn.)	['strɔnɨ]
vestigingsadres (het)	adres (m) prawny	['adrɛs 'pravnɨ]

het contract verbreken (overtreden)	naruszyć kontrakt	[na'ruʃɨtɕ 'kɔntrakt]
verplichting (de)	zobowiązanie (n)	[zɔbɔvɔ̃'zane]
verantwoordelijkheid (de)	odpowiedzialność (z)	[ɔtpɔve'dʑjaɫnɔɕtɕ]
overmacht (de)	siła (z) wyższa	['ɕiwa 'vɨʃa]
geschil (het)	spór (m)	[spur]
sancties (mv.)	sankcje (l.mn.) karne	['saŋktsʲe 'karnɛ]

74. Import & Export

import (de)	import (m)	['impɔrt]
importeur (de)	importer (m)	[im'pɔrtɛr]
importeren (ww)	importować	[impɔr'tɔvatɕ]
import- (abn)	importowany	[impɔrtɔ'vanɨ]
exporteur (de)	eksporter (m)	[ɛks'pɔrtɛr]
exporteren (ww)	eksportować	[ɛkspɔr'tɔvatɕ]
goederen (mv.)	towar (m)	['tɔvar]
partij (de)	partia (ż) towaru	['partʰja tɔ'varu]
gewicht (het)	waga (ż)	['vaga]
volume (het)	objętość (ż)	[ɔbʰ'ɛntɔɕtɕ]
kubieke meter (de)	metr (m) sześcienny	[mɛtr ʂɛɕ'tɕɛɲɨ]
producent (de)	producent (m)	[prɔ'dutsɛnt]
transportbedrijf (de)	firma (ż) transportowa	['firma transpɔr'tɔva]
container (de)	kontener (m)	[kɔn'tɛnɛr]
grens (de)	granica (ż)	[gra'nitsa]
douane (de)	urząd (m) celny	['uʐɔ̃t 'tsɛʎnɨ]
douanerecht (het)	cło (n)	[tswɔ]
douanier (de)	celnik (m)	['tsɛʎnik]
smokkelen (het)	przemyt (m)	['pʃɛmɨt]
smokkelwaar (de)	kontrabanda (ż)	[kɔntra'banda]

75. Financiën

aandeel (het)	akcja (ż)	['aktsʰja]
obligatie (de)	obligacja (ż)	[ɔbli'gatsʰja]
wissel (de)	weksel (m)	['vɛksɛʎ]
beurs (de)	giełda (ż) finansowa	['gewda finan'sɔva]
aandelenkoers (de)	notowania (l.mn.) akcji	[nɔtɔ'vaɲa 'aktsʰi]
dalen (ww)	stanieć	['stanetɕ]
stijgen (ww)	zdrożeć	['zdrɔʐɛtɕ]
deel (het)	udział (m)	['udʑaw]
meerderheidsbelang (het)	pakiet (m) kontrolny	['paket kɔnt'rɔʎnɨ]
investeringen (mv.)	inwestycje (l.mn.)	[invɛs'tɨtsʰe]
investeren (ww)	inwestować	[invɛs'tɔvatɕ]
procent (het)	procent (m)	['prɔtsɛnt]
rente (de)	procenty (l.mn.)	[prɔ'tsɛntɨ]
winst (de)	zysk (m)	[zɨsk]
winstgevend (bn)	dochodowy	[dɔhɔ'dɔvɨ]
belasting (de)	podatek (m)	[pɔ'datɛk]
valuta (vreemde ~)	waluta (ż)	[va'lyta]
nationaal (bn)	narodowy	[narɔ'dɔvɨ]

ruil (de)	wymiana (ż)	[vi'mʲana]
boekhouder (de)	księgowy (m)	[kɕɛ̃'govi]
boekhouding (de)	księgowość (ż)	[kɕɛ̃'govɔɕtʃ]

bankroet (het)	bankructwo (n)	[baŋk'rutstfɔ]
ondergang (de)	krach (m)	[krah]
faillissement (het)	upadłość (ż)	[u'padwɔɕtʃ]
geruïneerd zijn (ww)	rujnować się	[rui'nɔvatʃ ɕɛ̃]
inflatie (de)	inflacja (ż)	[inf'ʎatsʰja]
devaluatie (de)	dewaluacja (ż)	[dɛvaly'atsʰja]

kapitaal (het)	kapitał (m)	[ka'pitaw]
inkomen (het)	dochód (m)	['dɔhut]
omzet (de)	obrót (m)	['ɔbrut]
middelen (mv.)	zasoby (l.mn.)	[za'sɔbi]
financiële middelen (mv.)	środki (l.mn.) pieniężne	['ɕrɔtki pe'nenʒnɛ]
reduceren (kosten ~)	obniżyć	[ɔb'niʒitʃ]

76. Marketing

marketing (de)	marketing (m)	[mar'kɛtiŋk]
markt (de)	rynek (m)	['rinɛk]
marktsegment (het)	segment (m) rynku	['sɛgmɛnt 'riŋku]
product (het)	produkt (m)	['prɔdukt]
goederen (mv.)	towar (m)	['tɔvar]

handelsmerk (het)	marka (ż) handlowa	['marka hand'lɔva]
beeldmerk (het)	znak (m) firmowy	[znak fir'mɔvi]
logo (het)	logo (n)	['lɔgɔ]

vraag (de)	popyt (m)	['pɔpit]
aanbod (het)	podaż (ż)	['pɔdaʃ]
behoefte (de)	potrzeba (ż)	[pɔt'ʃɛba]
consument (de)	konsument (m)	[kɔn'sumɛnt]

analyse (de)	analiza (ż)	[ana'liza]
analyseren (ww)	analizować	[anali'zɔvatʃ]
positionering (de)	pozycjonowanie (n)	[pɔʦʰɔnɔ'vane]
positioneren (ww)	pozycjonować	[pɔʦʰɔ'nɔvatʃ]

prijs (de)	cena (ż)	['tsɛna]
prijspolitiek (de)	polityka (ż) cenowa	[pɔ'litika tsɛ'nɔva]
prijsvorming (de)	kształtowanie (n) cen	[kʃtawtɔ'vane tsɛn]

77. Reclame

reclame (de)	reklama (ż)	[rɛk'ʎama]
adverteren (ww)	reklamować	[rɛkʎa'mɔvatʃ]
budget (het)	budżet (m)	['budʒɛt]

advertentie, reclame (de)	reklama (ż)	[rɛk'ʎama]
TV-reclame (de)	reklama (ż) telewizyjna	[rɛk'ʎama tɛlevi'zijna]

radioreclame (de)	reklama (ż) radiowa	[rɛk'ʎama rad'ʰɔva]
buitenreclame (de)	reklama (ż) zewnętrzna	[rɛk'ʎama zɛv'nɛntʃna]
massamedia (de)	środki (l.mn.) masowego przekazu	['ɕrɔtki masɔ'vɛgɔ pʃɛ'kazu]
periodiek (de)	periodyk (m)	[pɛrʰɜdɨk]
imago (het)	wizerunek (m)	[vizɛ'runɛk]
slagzin (de)	slogan (m)	['slɜgan]
motto (het)	hasło (n)	['haswɔ]
campagne (de)	kampania (ż)	[kam'paɲja]
reclamecampagne (de)	kampania (ż) reklamowa	[kam'paɲja rɛkʎa'mɔva]
doelpubliek (het)	odbiorca (m) docelowy	[ɔd'bɜrtsa dɔtsɛ'lɜvɨ]
visitekaartje (het)	wizytówka (ż)	[vizi'tufka]
flyer (de)	ulotka (ż)	[u'lɜtka]
brochure (de)	broszura (ż)	[brɔ'ʃura]
folder (de)	folder (m)	['fɔʎdɛr]
nieuwsbrief (de)	biuletyn (m)	[by'letin]
gevelreclame (de)	szyld (m)	[ʃiʎt]
poster (de)	plakat (m)	['pʎakat]
aanplakbord (het)	billboard (m)	['biʎbɔrt]

78. Bankieren

bank (de)	bank (m)	[baŋk]
bankfiliaal (het)	filia (ż)	['fiʎja]
bankbediende (de)	konsultant (m)	[kɔn'suʎtant]
manager (de)	kierownik (m)	[ke'rɔvnik]
bankrekening (de)	konto (n)	['kɔntɔ]
rekeningnummer (het)	numer (m) konta	['numɛr 'kɔnta]
lopende rekening (de)	rachunek (m) bieżący	[ra'hunɛk be'ʒɔ̃tsi]
spaarrekening (de)	rachunek (m) oszczędnościowy	[ra'hunɛk ɔʃtʃɛ̃dnɔɕ'tʃɔvi]
een rekening openen	założyć konto	[za'wɔʒitʃ 'kɔntɔ]
de rekening sluiten	zamknąć konto	['zamknɔɲtʃ 'kɔ̃tɔ]
op rekening storten	wpłacić na konto	['vpwatʃitʃ na 'kɔntɔ]
opnemen (ww)	podjąć z konta	['pɔdʰɔ̃tʃ s 'kɔnta]
storting (de)	wkład (m)	[fkwat]
een storting maken	dokonać wpłaty	[dɔ'kɔnatʃ 'fpwati]
overschrijving (de)	przelew (m)	['pʃɛlev]
een overschrijving maken	dokonać przelewu	[dɔ'kɔnatʃ pʃɛ'levu]
som (de)	suma (ż)	['suma]
Hoeveel?	Ile?	['ile]
handtekening (de)	podpis (m)	['pɔdpis]
ondertekenen (ww)	podpisać	[pɔd'pisatʃ]

T&P Books. Thematische woordenschat Nederlands-Pools - 5000 woorden

kredietkaart (de)	karta (z) kredytowa	['karta krɛdɨ'tɔva]
code (de)	kod (m)	[kɔd]
kredietkaartnummer (het)	numer (m) karty kredytowej	['numɛr 'kartɨ krɛdɨ'tɔvɛj]
geldautomaat (de)	bankomat (m)	[ba'ŋkɔmat]

cheque (de)	czek (m)	[tʃɛk]
een cheque uitschrijven	wystawić czek	[vɨs'tavitʃ tʃɛk]
chequeboekje (het)	książeczka (z) czekowa	[kɕɔ̃'ʒɛtʃka tʃɛ'kɔva]

lening, krediet (de)	kredyt (m)	['krɛdɨt]
een lening aanvragen	wystąpić o kredyt	[vɨs'tɔ̃pitʃ ɔ 'krɛdɨt]
een lening nemen	brać kredyt	[bratʃ 'krɛdɨt]
een lening verlenen	udzielać kredytu	[u'dʑɛʎatʃ krɛ'dɨtu]
garantie (de)	gwarancja (z)	[gva'rantsʲja]

79. Telefoon. Telefoongesprek

telefoon (de)	telefon (m)	[tɛ'lefɔn]
mobieltje (het)	telefon (m) komórkowy	[tɛ'lefɔn kɔmur'kɔvɨ]
antwoordapparaat (het)	sekretarka (z)	[sɛkrɛ'tarka]

bellen (ww)	dzwonić	['dzvɔnitʃ]
belletje (telefoontje)	telefon (m)	[tɛ'lefɔn]

een nummer draaien	wybrać numer	['vɨbratʃ 'numɛr]
Hallo!	Halo!	['halɔ]
vragen (ww)	zapytać	[za'pɨtatʃ]
antwoorden (ww)	odpowiedzieć	[ɔtpɔ'vedʑetʃ]

horen (ww)	słyszeć	['swɨʃɛtʃ]
goed (bw)	dobrze	['dɔbʒɛ]
slecht (bw)	źle	[ʑle]
storingen (mv.)	zakłócenia (l.mn.)	[zakwu'tsɛɲa]

hoorn (de)	słuchawka (z)	[swu'hafka]
opnemen (ww)	podnieść słuchawkę	['pɔdnɛɕtʃ swu'hafkɛ̃]
ophangen (ww)	odłożyć słuchawkę	[ɔd'wɔʒɨtʃ swu'hafkɛ̃]

bezet (bn)	zajęty	[za'enti]
overgaan (ww)	dzwonić	['dzvɔnitʃ]
telefoonboek (het)	książka (z) telefoniczna	[kɕɔ̃ʃka tɛlefɔ'nitʃna]

lokaal (bn)	miejscowy	[mejs'tsɔvɨ]
interlokaal (bn)	międzymiastowy	[mɛ̃dʑimʲas'tɔvɨ]
buitenlands (bn)	międzynarodowy	[mɛ̃dʑinarɔ'dɔvɨ]

80. Mobiele telefoon

mobieltje (het)	telefon (m) komórkowy	[tɛ'lefɔn kɔmur'kɔvɨ]
scherm (het)	wyświetlacz (m)	[vɨɕ'fetʎatʃ]
toets, knop (de)	klawisz (m)	['kʎaviʃ]
simkaart (de)	karta (z) SIM	['karta sim]

batterij (de)	bateria (ż)	[baˈtɛrʲja]
leeg zijn (ww)	rozładować się	[rɔzwaˈdɔvatʃ ɕɛ̃]
acculader (de)	ładowarka (ż)	[wadɔˈvarka]

menu (het)	menu (n)	[ˈmenu]
instellingen (mv.)	ustawienia (l.mn.)	[ustaˈvɛɲa]
melodie (beltoon)	melodia (ż)	[mɛˈlɔdʲja]
selecteren (ww)	wybrać	[ˈvɨbratʃ]

rekenmachine (de)	kalkulator (m)	[kaʎkuˈʎatɔr]
voicemail (de)	sekretarka (ż)	[sɛkrɛˈtarka]
wekker (de)	budzik (m)	[ˈbudʑik]
contacten (mv.)	kontakty (l.mn.)	[kɔnˈtaktɨ]

| SMS-bericht (het) | SMS (m) | [ɛs ɛm ɛs] |
| abonnee (de) | abonent (m) | [aˈbɔnɛnt] |

81. Schrijfbehoeften

| balpen (de) | długopis (m) | [dwuˈgɔpis] |
| vulpen (de) | pióro (n) | [ˈpyrɔ] |

potlood (het)	ołówek (m)	[ɔˈwuvɛk]
marker (de)	marker (m)	[ˈmarkɛr]
viltstift (de)	flamaster (m)	[fʎaˈmastɛr]

| notitieboekje (het) | notes (m) | [ˈnɔtɛs] |
| agenda (boekje) | kalendarz (m) | [kaˈlendaʃ] |

liniaal (de/het)	linijka (ż)	[liˈnijka]
rekenmachine (de)	kalkulator (m)	[kaʎkuˈʎatɔr]
gom (de)	gumka (ż)	[ˈgumka]
punaise (de)	pinezka (ż)	[piˈnɛska]
paperclip (de)	spinacz (m)	[ˈspinatʃ]

lijm (de)	klej (m)	[klej]
nietmachine (de)	zszywacz (m)	[ˈsʃɨvatʃ]
perforator (de)	dziurkacz (m)	[ˈdʑyrkatʃ]
potloodslijper (de)	temperówka (ż)	[tɛmpɛˈrufka]

82. Soorten bedrijven

boekhouddiensten (mv.)	usługi (l.mn.) księgowe	[usˈwugi kɕɛ̃ˈgɔvɛ]
reclame (de)	reklama (ż)	[rɛkˈʎama]
reclamebureau (het)	agencja (ż) reklamowa	[aˈgɛntsʲja rɛkʎamɔva]
airconditioning (de)	klimatyzatory (l.mn.)	[klimatizaˈtɔrɨ]
luchtvaartmaatschappij (de)	linie (l.mn.) lotnicze	[ˈliɲje lɔtˈnitʃɛ]

alcoholische dranken (mv.)	napoje (l.mn.) alkoholowe	[naˈpɔe aʎkɔhɔˈlɔvɛ]
antiek (het)	antykwariat (m)	[antikˈvarʲjat]
kunstgalerie (de)	galeria (ż) sztuki	[gaˈlɛrʲja ˈʃtuki]
audit diensten (mv.)	usługi (l.mn.) audytorskie	[usˈwugi audɨˈtɔrskie]

Nederlands	Pools	Uitspraak
banken (mv.)	bankowość (z)	[ba'ŋkɔvɔɕtʃ]
bar (de)	bar (m)	[bar]
schoonheidssalon (de/het)	salon (m) piękności	[sa'lɔn pʲɛk'nɔʃtʃi]
boekhandel (de)	księgarnia (z)	[kɕɛ̃'garɲa]
bierbrouwerij (de)	browar (m)	['brɔvar]
zakencentrum (het)	centrum (n) biznesowe	['tsɛntrum biznɛ'sɔvɛ]
business school (de)	szkoła (z) biznesu	['ʃkɔwa biz'nɛsu]
casino (het)	kasyno (n)	[ka'sinɔ]
bouwbedrijven (mv.)	budownictwo (n)	[budɔv'nitstvɔ]
adviesbureau (het)	konsultacje (z)	[kɔnsuʎ'tatsie]
tandheelkunde (de)	stomatologia (z)	[stɔmatɔ'lɔgʰja]
design (het)	wzornictwo (n)	[vzɔr'nitstfɔ]
apotheek (de)	apteka (z)	[ap'tɛka]
stomerij (de)	pralnia (z) chemiczna	['praʎɲa hɛ'mitʃna]
uitzendbureau (het)	firma (z) rekrutacyjna	['firma rɛkruta'tsijna]
financiële diensten (mv.)	usługi (l.mn.) finansowe	[us'wugi finan'sɔvɛ]
voedingswaren (mv.)	artykuły (l.mn.) żywnościowe	[arti'kuwi ʒivnɔɕ'tʃɔvɛ]
uitvaartcentrum (het)	zakład (m) pogrzebowy	['zakwat pɔgʒɛ'bɔvi]
meubilair (het)	meble (l.mn.)	['mɛble]
kleding (de)	odzież (z)	['ɔdʒeʃ]
hotel (het)	hotel (m)	['hɔtɛʎ]
IJsje (het)	lody (l.mn.)	['lɔdi]
industrie (de)	przemysł (m)	['pʃɛmisw]
verzekering (de)	ubezpieczenie (n)	[ubɛspet'ʃɛne]
Internet (het)	Internet (m)	[in'tɛrnɛt]
investeringen (mv.)	inwestycje (l.mn.)	[invɛs'titsʰe]
juwelier (de)	jubiler (m)	[ju'biler]
juwelen (mv.)	wyroby (l.mn.) jubilerskie	[vi'rɔbɨ jubi'lerske]
wasserette (de)	pralnia (z)	['praʎɲa]
juridische diensten (mv.)	usługi (l.mn.) prawne	[us'wugi 'pravnɛ]
lichte industrie (de)	przemysł (m) lekki	['pʃɛmisw 'lekki]
tijdschrift (het)	czasopismo (n)	[tʃasɔ'pismɔ]
postorderbedrijven (mv.)	sprzedaż (z) wysyłkowa	['spʃɛdaʃ visiw'kɔva]
medicijnen (mv.)	medycyna (z)	[mɛdi'tsina]
bioscoop (de)	kino (n)	['kinɔ]
museum (het)	muzeum (n)	[mu'zɛum]
persbureau (het)	agencja (z) prasowa	[a'gɛntsʰja pra'sɔva]
krant (de)	gazeta (z)	[ga'zɛta]
nachtclub (de)	klub (m) nocny	[klyp 'nɔtsni]
olie (aardolie)	ropa (z) naftowa	['rɔpa naf'tɔva]
koerierdienst (de)	usługi (l.mn.) kurierskie	[us'wugi kurʰ'erske]
geneesmiddelen (mv.)	farmacja (z)	[far'matsʰja]
drukkerij (de)	poligrafia (z)	[pɔlig'rafʰja]
uitgeverij (de)	wydawnictwo (n)	[vidav'nitstfɔ]
radio (de)	radio (n)	['radʰʒ]
vastgoed (het)	nieruchomość (z)	[neru'hɔmɔɕtʃ]
restaurant (het)	restauracja (z)	[rɛstau'ratsʰja]

bewakingsfirma (de)	agencja (ż) ochrony	[a'gɛntsʰja ɔh'rɔni]
sport (de)	sport (m)	[spɔrt]
handelsbeurs (de)	giełda (ż) finansowa	['gewda finan'sɔva]
winkel (de)	sklep (m)	[sklep]
supermarkt (de)	supermarket (m)	[supɛr'markɛt]
zwembad (het)	basen (m)	['basɛn]
naaiatelier (het)	atelier (n)	[atɛ'ʎje]
televisie (de)	telewizja (ż)	[tɛle'vizʰja]
theater (het)	teatr (m)	['tɛatr]
handel (de)	handel (m)	['handɛʎ]
transport (het)	przewozy (l.mn.)	[pʃɛ'vɔzi]
toerisme (het)	podróż (ż)	['pɔdruʃ]
dierenarts (de)	weterynarz (m)	[vɛtɛ'rinaʃ]
magazijn (het)	magazyn (m)	[ma'gazɨn]
afvalinzameling (de)	wywóz (m) śmieci	['vɨvus 'ɕmetɕi]

Baan. Business. Deel 2

83. Show. Tentoonstelling

beurs (de)	wystawa (ż)	[vis'tava]
vakbeurs, handelsbeurs (de)	wystawa (ż) handlowa	[vis'tava hand'lɔva]
deelneming (de)	udział (m)	['udʑʲaw]
deelnemen (ww)	uczestniczyć	[utʃɛst'nitʃitʃ]
deelnemer (de)	uczestnik (m)	[ut'ʃɛstnik]
directeur (de)	dyrektor (m)	[dɨ'rɛktɔr]
organisatiecomité (het)	dyrekcja (ż)	[dɨ'rɛktsʰja]
organisator (de)	organizator (m)	[ɔrgani'zatɔr]
organiseren (ww)	organizować	[ɔrgani'zɔvatʃ]
deelnemingsaanvraag (de)	zgłoszenie (n) udziału	[zgwɔ'ʃɛne u'dʑʲawu]
invullen (een formulier ~)	wypełnić	[vɨ'pɛwnitʃ]
details (mv.)	detale (l.mn.)	[dɛ'tale]
informatie (de)	informacja (ż)	[infɔr'matsʰja]
prijs (de)	cena (ż)	['tsɛna]
inclusief (bijv. ~ BTW)	inkluzja	[iŋk'lɨzija]
inbegrepen (alles ~)	wliczać	['vlitʃatʃ]
betalen (ww)	płacić	['pwatʃitʃ]
registratietarief (het)	wpisowe (n)	[fpi'sɔvɛ]
ingang (de)	wejście (n)	['vɛjɕtɕe]
paviljoen (het), hal (de)	pawilon (m)	[pa'vilɔn]
registreren (ww)	rejestrować	[rɛest'rɔvatʃ]
badge, kaart (de)	plakietka (ż)	[pʎa'ketka]
beursstand (de)	stoisko (n)	[stɔ'iskɔ]
reserveren (een stand ~)	rezerwować	[rɛzɛr'vɔvatʃ]
vitrine (de)	witryna (ż)	[vit'rɨna]
licht (het)	lampka (ż)	['ʎampka]
design (het)	wzornictwo (n)	[vzɔr'nitstfɔ]
plaatsen (ww)	umieszczać	[u'meʃtʃatʃ]
distributeur (de)	dystrybutor (m)	[distri'butɔr]
leverancier (de)	dostawca (m)	[dɔs'tafsa]
land (het)	kraj (m)	[kraj]
buitenlands (bn)	zagraniczny	[zagra'nitʃni]
product (het)	produkt (m)	['prɔdukt]
associatie (de)	stowarzyszenie (n)	[stɔvaʑi'ʃɛne]
conferentiezaal (de)	sala (ż) konferencyjna	['saʎa kɔnfɛrɛn'tsijna]
congres (het)	kongres (m)	['kɔŋrɛs]

wedstrijd (de)	konkurs (m)	['kɔŋkurs]
bezoeker (de)	zwiedzający (m)	[zvedzaɔ̃tsi]
bezoeken (ww)	zwiedzać	['zvedzatʃ]
afnemer (de)	zamawiający (m)	[zamavjaɔ̃tsi]

84. Wetenschap. Onderzoek. Wetenschappers

wetenschap (de)	nauka (ż)	[na'uka]
wetenschappelijk (bn)	naukowy	[nau'kɔvi]
wetenschapper (de)	naukowiec (m)	[nau'kɔvets]
theorie (de)	teoria (ż)	[tɛ'ɔrʰja]

axioma (het)	aksjomat (m)	[aks'jɔmat]
analyse (de)	analiza (ż)	[ana'liza]
analyseren (ww)	analizować	[anali'zɔvatʃ]
argument (het)	argument (m)	[ar'gumɛnt]
substantie (de)	substancja (ż)	[sups'tantsʰja]

hypothese (de)	hipoteza (ż)	[hipɔ'tɛza]
dilemma (het)	dylemat (m)	[di'lemat]
dissertatie (de)	rozprawa (ż)	[rɔsp'rava]
dogma (het)	dogmat (m)	['dɔgmat]

doctrine (de)	doktryna (ż)	[dɔkt'rina]
onderzoek (het)	badanie (ż)	[ba'dane]
onderzoeken (ww)	badać	['badatʃ]
toetsing (de)	testowanie (n)	[tɛstɔ'vane]
laboratorium (het)	laboratorium (n)	[ʎabɔra'tɔrʰjum]

methode (de)	metoda (ż)	[mɛ'tɔda]
molecule (de/het)	molekuła (ż)	[mɔle'kuwa]
monitoring (de)	monitorowanie (n)	[mɔnitɔrɔ'vane]
ontdekking (de)	odkrycie (n)	[ɔtk'ritʃe]

postulaat (het)	postulat (m)	[pɔs'tuʎat]
principe (het)	zasada (ż)	[za'sada]
voorspelling (de)	prognoza (ż)	[prɔg'nɔza]
een prognose maken	prognozować	[prɔgnɔ'zɔvatʃ]

synthese (de)	synteza (ż)	[sin'tɛza]
tendentie (de)	tendencja (ż)	[tɛn'dɛntsʰja]
theorema (het)	teoremat (m)	[tɛɔ'rɛmat]

leerstellingen (mv.)	nauczanie (n)	[naut'ʃane]
feit (het)	fakt (m)	[fakt]
expeditie (de)	ekspedycja (ż)	[ɛkspɛ'ditsʰja]
experiment (het)	eksperyment (m)	[ɛkspɛ'rimɛnt]

academicus (de)	akademik (m)	[aka'dɛmik]
bachelor (bijv. BA, LLB)	bakałarz (m)	[ba'kawaʃ]
doctor (de)	doktor (m)	['dɔktɔr]
universitair docent (de)	docent (m)	['dɔtsɛnt]
master, magister (de)	magister (m)	[ma'gistɛr]
professor (de)	profesor (m)	[prɔ'fɛsɔr]

Beroepen en ambachten

85. Zoeken naar werk. Ontslag

baan (de)	praca (ż)	['pratsa]
personeel (het)	etat (m)	['ɛtat]

carrière (de)	kariera (ż)	[karʰ'era]
vooruitzichten (mv.)	perspektywa (ż)	[pɛrspɛk'tiva]
meesterschap (het)	profesjonalizm (m)	[prɔfɛsʰɜ'nalizm]

keuze (de)	wybór (m)	['vɨbur]
uitzendbureau (het)	agencja (ż) rekrutacyjna	[a'gɛntsʰja rɛkruta'tsɨjna]
CV, curriculum vitae (het)	CV (n), życiorys (m)	[tsɛ 'fau], [ʒɨ'tʃɔris]
sollicitatiegesprek (het)	rozmowa (ż) kwalifikacyjna	[rɔz'mɔva kfalifika'tsɨjna]
vacature (de)	wakat (m)	['vakat]

salaris (het)	pensja (ż)	['pɛnsʰja]
vaste salaris (het)	stałe wynagrodzenie (n)	['stawɛ vɨnagrɔ'dzɛne]
loon (het)	opłata (ż)	[ɔp'wata]

betrekking (de)	stanowisko (n)	[stanɔ'viskɔ]
taak, plicht (de)	obowiązek (m)	[ɔbɔvɔ̃zɛk]
takenpakket (het)	zakres (m) obowiazkow	['zakrɛs ɔbɔ'vʲazkɔf]
bezig (~ zijn)	zajęty	[za'entɨ]

ontslagen (ww)	zwolnić	['zvɔʎnitʃ]
ontslag (het)	zwolnienie (n)	[zvɔʎ'nene]

werkloosheid (de)	bezrobocie (n)	[bɛzrɔ'bɔtʃe]
werkloze (de)	bezrobotny (m)	[bɛzrɔ'bɔtnɨ]
pensioen (het)	emerytura (ż)	[ɛmɛrɨ'tura]
met pensioen gaan	przejść na emeryturę	['pʃejɕtʃ na ɛmɛrɨ'turɛ̃]

86. Zakenmensen

directeur (de)	dyrektor (m)	[dɨ'rɛktɔr]
beheerder (de)	kierownik (m)	[ke'rɔvnik]
hoofd (het)	szef (m)	[ʃɛf]

baas (de)	kierownik (m)	[ke'rɔvnik]
superieuren (mv.)	kierownictwo (n)	[kerɔv'nitstfɔ]
president (de)	prezes (m)	['prɛzɛs]
voorzitter (de)	przewodniczący (m)	[pʃɛvɔdnit'ʃɔ̃tsɨ]

adjunct (de)	zastępca (m)	[zas'tɛ̃ptsa]
assistent (de)	pomocnik (m)	[pɔ'mɔtsnik]
secretaris (de)	sekretarka (ż)	[sɛkrɛ'tarka]

persoonlijke assistent (de)	sekretarz (m) osobisty	[sɛk'rɛtaʃ ɔsɔ'bisti]
zakenman (de)	biznesmen (m)	['biznɛsmɛn]
ondernemer (de)	przedsiębiorca (m)	[pʃɛdɕɛ̃'bɜrtsa]
oprichter (de)	założyciel (m)	[zawɔ'ʒitʃeʎ]
oprichten (een nieuw bedrijf ~)	założyć	[za'wɔʒitʃ]

stichter (de)	wspólnik (m)	['fspɔʎnik]
partner (de)	partner (m)	['partnɛr]
aandeelhouder (de)	akcjonariusz (m)	[aktsʰɜ'narʰjuʃ]

miljonair (de)	milioner (m)	[mi'ʎjɔnɛr]
miljardair (de)	miliarder (m)	[mi'ʎjardɛr]
eigenaar (de)	właściciel (m)	[vwaɕ'tʃitʃeʎ]
landeigenaar (de)	właściciel (m) ziemski	[vwaɕ'tʃitʃeʎ 'ʒemski]

klant (de)	klient (m)	['klient]
vaste klant (de)	stały klient (m)	['stawi 'klient]
koper (de)	kupujący (m)	[kupuɔ̃tsi]
bezoeker (de)	zwiedzający (m)	[zvedzaɔ̃tsi]

professioneel (de)	profesjonalista (m)	[prɔfɛsʰɜna'lista]
expert (de)	ekspert (m)	['ɛkspɛrt]
specialist (de)	specjalista (m)	[spɛtsʰja'lista]

bankier (de)	bankier (m)	['baŋker]
makelaar (de)	broker (m)	['brɔkɛr]

kassier (de)	kasjer (m), kasjerka (ż)	['kasʰer], [kasʰ'erka]
boekhouder (de)	księgowy (m)	[kɕɛ̃'gɔvi]
bewaker (de)	ochroniarz (m)	[ɔh'rɔɲaʃ]

investeerder (de)	inwestor (m)	[in'vɛstɔr]
schuldenaar (de)	dłużnik (m)	['dwuʒnik]
crediteur (de)	kredytodawca (m)	[krɛditɔ'daftsa]
lener (de)	pożyczkobiorca (m)	[pɔʒitʃkɔ'bɜrtsa]

importeur (de)	importer (m)	[im'pɔrtɛr]
exporteur (de)	eksporter (m)	[ɛks'pɔrtɛr]

producent (de)	producent (m)	[prɔ'dutsɛnt]
distributeur (de)	dystrybutor (m)	[distri'butɔr]
bemiddelaar (de)	pośrednik (m)	[pɔɕ'rednik]

adviseur, consulent (de)	konsultant (m)	[kɔn'suʎtant]
vertegenwoordiger (de)	przedstawiciel (m)	[pʃɛtsta'vitʃeʎ]
agent (de)	agent (m)	['agɛnt]
verzekeringsagent (de)	agent (m) ubezpieczeniowy	['agɛnt ubɛspetʃɛ'nɜvi]

87. Dienstverlenende beroepen

kok (de)	kucharz (m)	['kuhaʃ]
chef-kok (de)	szef (m) kuchni	[ʃɛf 'kuhni]
bakker (de)	piekarz (m)	['pekaʃ]

barman (de)	barman (m)	['barman]
kelner, ober (de)	kelner (m)	['kɛʎnɛr]
serveerster (de)	kelnerka (ż)	[kɛʎ'nɛrka]
advocaat (de)	adwokat (m)	[ad'vɔkat]
jurist (de)	prawnik (m)	['pravnik]
notaris (de)	notariusz (m)	[nɔ'tarʰjuʃ]
elektricien (de)	elektryk (m)	[ɛ'lektrik]
loodgieter (de)	hydraulik (m)	[hid'raulik]
timmerman (de)	cieśla (m)	['tɕeɕʎa]
masseur (de)	masażysta (m)	[masa'ʒista]
masseuse (de)	masażystka (ż)	[masa'ʒistka]
dokter, arts (de)	lekarz (m)	['lekaʃ]
taxichauffeur (de)	taksówkarz (m)	[tak'sufkaʃ]
chauffeur (de)	kierowca (m)	[ke'rɔftsa]
koerier (de)	kurier (m)	['kurʰer]
kamermeisje (het)	pokojówka (ż)	[pɔkɔ'jufka]
bewaker (de)	ochroniarz (m)	[ɔh'rɔɲaʃ]
stewardess (de)	stewardessa (ż)	[stʰjuar'dɛsa]
meester (de)	nauczyciel (m)	[naut'ʃitʃeʎ]
bibliothecaris (de)	bibliotekarz (m)	[bibʎɔ'tɛkaʃ]
vertaler (de)	tłumacz (m)	['twumatʃ]
tolk (de)	tłumacz (m)	['twumatʃ]
gids (de)	przewodnik (m)	[pʃɛ'vɔdnik]
kapper (de)	fryzjer (m)	['frizʰer]
postbode (de)	listonosz (m)	[lis'tɔnɔʃ]
verkoper (de)	sprzedawca (m)	[spʃɛ'daftsa]
tuinman (de)	ogrodnik (m)	[ɔg'rɔdnik]
huisbediende (de)	służący (m)	[swu'ʒõtsi]
dienstmeisje (het)	służąca (ż)	[swu'ʒõtsa]
schoonmaakster (de)	sprzątaczka (ż)	[spʒõ'tatʃka]

88. Militaire beroepen en rangen

soldaat (rang)	szeregowy (m)	[ʃɛrɛ'gɔvi]
sergeant (de)	sierżant (m)	['ɕerʒant]
luitenant (de)	podporucznik (m)	[pɔtpɔ'rutʃnik]
kapitein (de)	kapitan (m)	[ka'pitan]
majoor (de)	major (m)	['majɔr]
kolonel (de)	pułkownik (m)	[puw'kɔvnik]
generaal (de)	generał (m)	[gɛ'nɛraw]
maarschalk (de)	marszałek (m)	[mar'ʃawɛk]
admiraal (de)	admirał (m)	[ad'miraw]
militair (de)	wojskowy (m)	[vɔjs'kɔvi]
soldaat (de)	żołnierz (m)	['ʒowneʃ]

officier (de)	oficer (m)	[ɔ'fitsɛr]
commandant (de)	dowódca (m)	[dɔ'vuttsa]

grenswachter (de)	pogranicznik (m)	[pɔgra'nitʃnik]
marconist (de)	radiooperator (m)	[radʰɜːpɛ'ratɔr]
verkenner (de)	zwiadowca (m)	[zvʲa'dɔftsa]
sappeur (de)	saper (m)	['sapɛr]
schutter (de)	strzelec (m)	['stʃɛlets]
stuurman (de)	nawigator (m)	[navi'gatɔr]

89. Ambtenaren. Priesters

koning (de)	król (m)	[kruʎ]
koningin (de)	królowa (ż)	[kru'lɜva]

prins (de)	książę (m)	[kɕɔ̃ʒɛ̃]
prinses (de)	księżniczka (ż)	[kɕɛ̃ʒ'nitʃka]

tsaar (de)	car (m)	[tsar]
tsarina (de)	caryca (ż)	[tsa'ritsa]

president (de)	prezydent (m)	[prɛ'zɨdɛnt]
minister (de)	minister (m)	[mi'nistɛr]
eerste minister (de)	premier (m)	['prɛmʰer]
senator (de)	senator (m)	[sɛ'natɔr]

diplomaat (de)	dyplomata (m)	[dɨplɜ'mata]
consul (de)	konsul (m)	['kɔnsuʎ]
ambassadeur (de)	ambasador (m)	[amba'sadɔr]
adviseur (de)	doradca (m)	[dɔ'rattsa]

ambtenaar (de)	pracownik (m)	[pra'tsɔvnik]
prefect (de)	burmistrz (m) dzielnicy	['burmistʃ dʒeʎ'nitsɨ]
burgemeester (de)	mer (m)	[mɛr]

rechter (de)	sędzia (m)	['sɛ̃dʒʲa]
aanklager (de)	prokurator (m)	[prɔku'ratɔr]

missionaris (de)	misjonarz (m)	[misʰɜnaʃ]
monnik (de)	zakonnik (m)	[za'kɔɲik]
abt (de)	opat (m)	['ɔpat]
rabbi, rabbijn (de)	rabin (m)	['rabin]

vizier (de)	wezyr (m)	['vɛzɨr]
sjah (de)	szach (m)	[ʃah]
sjeik (de)	szejk (m)	[ʃɛjk]

90. Agrarische beroepen

imker (de)	pszczelarz (m)	['pʃtʃɛʎaʃ]
herder (de)	pastuch (m)	['pastuh]
landbouwkundige (de)	agronom (m)	[ag'rɔnɔm]

veehouder (de)	hodowca (m) zwierząt	[hɔ'dɔfsa 'zvʲeʒɔ̃t]
dierenarts (de)	weterynarz (m)	[vɛtɛ'rinaʃ]
landbouwer (de)	farmer (m)	['farmɛr]
wijnmaker (de)	winiarz (m)	['vʲiɲaʃ]
zoöloog (de)	zoolog (m)	[zɔ'ɔlɔk]
cowboy (de)	kowboj (m)	['kɔvbɔj]

91. Kunst beroepen

acteur (de)	aktor (m)	['aktɔr]
actrice (de)	aktorka (ż)	[ak'tɔrka]
zanger (de)	śpiewak (m)	['ɕpʲevak]
zangeres (de)	śpiewaczka (ż)	[ɕpʲe'vatʃka]
danser (de)	tancerz (m)	['tantsɛʃ]
danseres (de)	tancerka (ż)	[tan'tsɛrka]
artiest (mann.)	artysta (m)	[ar'tista]
artiest (vrouw.)	artystka (ż)	[ar'tistka]
muzikant (de)	muzyk (m)	['muzik]
pianist (de)	pianista (m)	[pʰja'nista]
gitarist (de)	gitarzysta (m)	[gita'ʒista]
orkestdirigent (de)	dyrygent (m)	[di'rigɛnt]
componist (de)	kompozytor (m)	[kɔmpɔ'zitɔr]
impresario (de)	impresario (m)	[imprɛ'sarʰɔ]
filmregisseur (de)	reżyser (m)	[rɛ'ʒisɛr]
filmproducent (de)	producent (m)	[prɔ'dutsɛnt]
scenarioschrijver (de)	scenarzysta (m)	[stsɛna'ʒista]
criticus (de)	krytyk (m)	['kritik]
schrijver (de)	pisarz (m)	['pʲisaʃ]
dichter (de)	poeta (m)	[pɔ'ɛta]
beeldhouwer (de)	rzeźbiarz (m)	['ʒɛzʲbʲaʃ]
kunstenaar (de)	malarz (m)	['maʎaʃ]
jongleur (de)	żongler (m)	['ʒɔŋler]
clown (de)	klown (m)	['kʎaun]
acrobaat (de)	akrobata (m)	[akrɔ'bata]
goochelaar (de)	sztukmistrz (m)	['ʃtukmistʃ]

92. Verschillende beroepen

dokter, arts (de)	lekarz (m)	['lekaʃ]
ziekenzuster (de)	pielęgniarka (ż)	[pelɛ̃g'ɲarka]
psychiater (de)	psychiatra (m)	[psihʰ'atra]
tandarts (de)	dentysta (m)	[dɛn'tista]
chirurg (de)	chirurg (m)	['hirurk]

astronaut (de)	astronauta (m)	[astrɔ'nauta]
astronoom (de)	astronom (m)	[ast'rɔnɔm]

chauffeur (de)	kierowca (m)	[ke'rɔftsa]
machinist (de)	maszynista (m)	[maʃi'nista]
mecanicien (de)	mechanik (m)	[mɛ'hanik]

mijnwerker (de)	górnik (m)	['gurnik]
arbeider (de)	robotnik (m)	[rɔ'bɔtnik]
bankwerker (de)	ślusarz (m)	['ɕlysaʃ]
houtbewerker (de)	stolarz (m)	['stɔʎaʃ]
draaier (de)	tokarz (m)	['tɔkaʃ]
bouwvakker (de)	budowniczy (m)	[budɔv'nitʃi]
lasser (de)	spawacz (m)	['spavatʃ]

professor (de)	profesor (m)	[prɔ'fɛsɔr]
architect (de)	architekt (m)	[ar'hitɛkt]
historicus (de)	historyk (m)	[his'tɔrik]
wetenschapper (de)	naukowiec (m)	[nau'kɔvets]
fysicus (de)	fizyk (m)	['fizik]
scheikundige (de)	chemik (m)	['hɛmik]

archeoloog (de)	archeolog (m)	[arhɛ'ɔlɔk]
geoloog (de)	geolog (m)	[gɛ'ɔlɔk]
onderzoeker (de)	badacz (m)	['badatʃ]

babysitter (de)	opiekunka (ż) do dziecka	[ɔpe'kuŋka dɔ 'dʑetska]
leraar, pedagoog (de)	pedagog (m)	[pɛ'dagɔk]

redacteur (de)	redaktor (m)	[rɛ'daktɔr]
chef-redacteur (de)	redaktor (m) naczelny	[rɛ'daktɔr nat'ʃɛʎni]
correspondent (de)	korespondent (m)	[kɔrɛs'pɔndɛnt]
typiste (de)	maszynistka (ż)	[maʃi'nistka]

designer (de)	projektant (m)	[prɔ'ektant]
computerexpert (de)	komputerowiec (m)	[kɔmputɛ'rɔvets]
programmeur (de)	programista (m)	[prɔgra'mista]
ingenieur (de)	inżynier (m)	[in'ʒiner]

matroos (de)	marynarz (m)	[ma'rinaʃ]
zeeman (de)	marynarz (m)	[ma'rinaʃ]
redder (de)	ratownik (m)	[ra'tɔvnik]

brandweerman (de)	strażak (m)	['straʒak]
politieagent (de)	policjant (m)	[pɔ'litsʰjant]
nachtwaker (de)	stróż (m)	[struʃ]
detective (de)	detektyw (m)	[dɛ'tɛktiv]

douanier (de)	celnik (m)	['tsɛʎnik]
lijfwacht (de)	ochroniarz (m)	[ɔh'rɔɲaʃ]
gevangenisbewaker (de)	nadzorca (m)	[na'dzɔrtsa]
inspecteur (de)	inspektor (m)	[ins'pɛktɔr]

sportman (de)	sportowiec (m)	[spɔr'tɔvets]
trainer (de)	trener (m)	['trɛnɛr]
slager, beenhouwer (de)	rzeźnik (m)	['ʒɛʑnik]

schoenlapper (de)	szewc (m)	[ʃɛfts]
handelaar (de)	handlowiec (m)	[hand'lɔvets]
lader (de)	ładowacz (m)	[wa'dɔvatʃ]

| kledingstilist (de) | projektant (m) mody | [prɔ'ektant 'mɔdɨ] |
| model (het) | modelka (ż) | [mɔ'dɛʎka] |

93. Beroepen. Sociale status

| scholier (de) | uczeń (m) | ['utʃɛɲ] |
| student (de) | student (m) | ['studɛnt] |

filosoof (de)	filozof (m)	[fi'lɔzɔf]
econoom (de)	ekonomista (m)	[ɛkɔnɔ'mista]
uitvinder (de)	wynalazca (m)	[vɨna'ʎastsa]

werkloze (de)	bezrobotny (m)	[bɛzrɔ'botnɨ]
gepensioneerde (de)	emeryt (m)	[ɛ'mɛrɨt]
spion (de)	szpieg (m)	[ʃpek]

gedetineerde (de)	więzień (m)	['veɲʒɛ̃]
staker (de)	strajkujący (m)	[strajkuɔ̃tsɨ]
bureaucraat (de)	biurokrata (m)	[byrɔk'rata]
reiziger (de)	podróżnik (m)	[pɔd'ruʒnik]

| homoseksueel (de) | homoseksualista (m) | [hɔmɔsɛksua'lista] |
| hacker (computerkraker) | haker (m) | ['hakɛr] |

bandiet (de)	bandyta (m)	[ban'dɨta]
huurmoordenaar (de)	płatny zabójca (m)	['pwatnɨ za'bojtsa]
drugsverslaafde (de)	narkoman (m)	[nar'kɔman]
drugshandelaar (de)	handlarz (m) narkotyków	['handʎaʒ narkɔ'tɨkuf]
prostituee (de)	prostytutka (ż)	[prɔstɨ'tutka]
pooier (de)	sutener (m)	[su'tɛnɛr]

tovenaar (de)	czarodziej (m)	[tʃa'rɔdʒej]
tovenares (de)	czarodziejka (ż)	[tʃarɔ'dʒejka]
piraat (de)	pirat (m)	['pirat]
slaaf (de)	niewolnik (m)	[ne'vɔʎnik]
samoerai (de)	samuraj (m)	[sa'muraj]
wilde (de)	dzikus (m)	['dʒikus]

Onderwijs

94. School

school (de)	szkoła (ż)	['ʃkɔwa]
schooldirecteur (de)	dyrektor (m) szkoły	[di'rɛktɔr 'ʃkɔwɨ]

leerling (de)	uczeń (m)	['utʃɛɲ]
leerlinge (de)	uczennica (ż)	[utʃɛ'ɲitsa]
scholier (de)	uczeń (m)	['utʃɛɲ]
scholiere (de)	uczennica (ż)	[utʃɛ'ɲitsa]

leren (lesgeven)	uczyć	['utʃitʃ]
studeren (bijv. een taal ~)	uczyć się	['utʃitʃ ɕɛ̃]
van buiten leren	uczyć się na pamięć	['utʃitʃ ɕɛ̃ na 'pamɛ̃tʃ]

leren (bijv. ~ tellen)	uczyć się	['utʃitʃ ɕɛ̃]
in school zijn (schooljongen zijn)	uczyć się	['utʃitʃ ɕɛ̃]
naar school gaan	iść do szkoły	[iɕtʃ dɔ 'ʃkɔwɨ]

alfabet (het)	alfabet (m)	[aʎ'fabɛt]
vak (schoolvak)	przedmiot (m)	['pʃɛdmɔt]

klaslokaal (het)	klasa (ż)	['kʎasa]
les (de)	lekcja (ż)	['lektsʰja]
pauze (de)	przerwa (ż)	['pʃɛrva]
bel (de)	dzwonek (m)	['dzvɔnɛk]
schooltafel (de)	ławka (ż)	['wafka]
schoolbord (het)	tablica (ż)	[tab'litsa]

cijfer (het)	ocena (ż)	[ɔ'tsɛna]
goed cijfer (het)	dobra ocena (ż)	['dɔbra ɔ'tsɛna]
slecht cijfer (het)	zła ocena (ż)	[zwa ɔ'tsɛna]
een cijfer geven	wystawiać oceny	[vɨs'tavʲatʃ ɔ'tsɛnɨ]

fout (de)	błąd (m)	[bwɔ̃t]
fouten maken	robić błędy	['rɔbitʃ 'bwɛndɨ]
corrigeren (fouten ~)	poprawiać	[pɔp'ravʲatʃ]
spiekbriefje (het)	ściągawka (ż)	[ɕtʃɔ̃'gafka]

huiswerk (het)	praca (ż) domowa	['pratsa dɔ'mɔva]
oefening (de)	ćwiczenie (n)	[tʃfitʃ'ʃɛne]

aanwezig zijn (ww)	być obecnym	[bitʃ ɔ'bɛtsnɨm]
absent zijn (ww)	być nieobecnym	[bitʃ nɛɔ'bɛtsnɨm]

bestraffen (een stout kind ~)	karać	['karatʃ]
bestraffing (de)	kara (ż)	['kara]
gedrag (het)	zachowanie (ż)	[zaxɔ'vane]

cijferlijst (de)	dziennik (m) szkolny	[ˈdʒɛɲik ˈʃkɔʎni]
potlood (het)	ołówek (m)	[ɔˈwuvɛk]
gom (de)	gumka (ż)	[ˈgumka]
krijt (het)	kreda (ż)	[ˈkrɛda]
pennendoos (de)	piórnik (m)	[ˈpyrnik]
boekentas (de)	teczka (ż)	[ˈtɛtʃka]
pen (de)	długopis (m)	[dwuˈgɔpis]
schrift (de)	zeszyt (m)	[ˈzɛʃit]
leerboek (het)	podręcznik (m)	[pɔdˈrɛntʃnik]
passer (de)	cyrkiel (m)	[ˈtsirkeʎ]
technisch tekenen (ww)	szkicować	[ʃkiˈtsɔvatʃ]
technische tekening (de)	rysunek (m) techniczny	[riˈsunɛk tɛhˈnitʃnɛ]
gedicht (het)	wiersz (m)	[verʃ]
van buiten (bw)	na pamięć	[na ˈpamɛ̃tʃ]
van buiten leren	uczyć się na pamięć	[ˈutʃitʃ ɕɛ̃ na ˈpamɛ̃tʃ]
vakantie (de)	ferie (l.mn.)	[ˈferʰe]
met vakantie zijn	być na feriach	[bitʃ na ˈfɛrʰjah]
toets (schriftelijke ~)	sprawdzian (m)	[ˈspravdʑʲan]
opstel (het)	wypracowanie (n)	[vɨpratsɔˈvane]
dictee (het)	dyktando (n)	[dikˈtandɔ]
examen (het)	egzamin (m)	[ɛgˈzamin]
examen afleggen	zdawać egzaminy	[ˈzdavatʃ ɛgzaˈmini]
experiment (het)	eksperyment (m)	[ɛkspɛˈrimɛnt]

95. Hogeschool. Universiteit

academie (de)	akademia (ż)	[akaˈdɛmʰja]
universiteit (de)	uniwersytet (m)	[uniˈvɛrsitɛt]
faculteit (de)	wydział (m)	[ˈvidʑʲaw]
student (de)	student (m)	[ˈstudɛnt]
studente (de)	studentka (ż)	[stuˈdɛntka]
leraar (de)	wykładowca (m)	[vikwaˈdɔftsa]
collegezaal (de)	sala (ż)	[ˈsaʎa]
afgestudeerde (de)	absolwent (m)	[abˈsɔʎvɛnt]
diploma (het)	dyplom (ż)	[ˈdiplɔm]
dissertatie (de)	rozprawa (ż)	[rɔspˈrava]
onderzoek (het)	studium (n)	[ˈstudʰjum]
laboratorium (het)	laboratorium (n)	[ʎabɔraˈtɔrʰjum]
college (het)	wykład (m)	[ˈvikwat]
medestudent (de)	kolega (m) z roku	[kɔˈlega z ˈrɔku]
studiebeurs (de)	stypendium (n)	[stiˈpɛndʰjum]
academische graad (de)	stopień (m) naukowy	[ˈstɔpeɲ nauˈkɔvi]

96. Wetenschappen. Disciplines

wiskunde (de)	matematyka (ż)	[matɛ'matika]
algebra (de)	algebra (ż)	[aʎ'gɛbra]
meetkunde (de)	geometria (ż)	[gɛɔ'mɛtrʰja]
astronomie (de)	astronomia (ż)	[astrɔ'nɔmʰja]
biologie (de)	biologia (ż)	[bʰɔ'lɜgʰja]
geografie (de)	geografia (ż)	[gɛɔg'rafʰja]
geologie (de)	geologia (ż)	[gɛɔ'lɜgʰja]
geschiedenis (de)	historia (ż)	[his'tɔrʰja]
geneeskunde (de)	medycyna (ż)	[mɛdi'tsina]
pedagogiek (de)	pedagogika (ż)	[pɛda'gɔgika]
rechten (mv.)	prawo (n)	['pravɔ]
fysica, natuurkunde (de)	fizyka (ż)	['fizika]
scheikunde (de)	chemia (ż)	['hɛmʰja]
filosofie (de)	filozofia (ż)	[filɜ'zɔfʰja]
psychologie (de)	psychologia (ż)	[psihɔ'lɜgʰja]

97. Schrift. Spelling

grammatica (de)	gramatyka (ż)	[gra'matika]
vocabulaire (het)	słownictwo (n)	[swɔv'nitstfɔ]
fonetiek (de)	fonetyka (ż)	[fɔ'nɛtika]
zelfstandig naamwoord (het)	rzeczownik (m)	[ʒɛt'ʃɔvnik]
bijvoeglijk naamwoord (het)	przymiotnik (m)	[pʃi'mɜtnik]
werkwoord (het)	czasownik (m)	[tʃa'sɔvnik]
bijwoord (het)	przysłówek (m)	[pʃis'wuvɛk]
voornaamwoord (het)	zaimek (m)	[za'imɛk]
tussenwerpsel (het)	wykrzyknik (m)	[vɨk'ʃɨknik]
voorzetsel (het)	przyimek (m)	[pʃi'imɛk]
stam (de)	rdzeń (m) słowa	[rdzɛɲ 'swɔva]
achtervoegsel (het)	końcówka (ż)	[kɔɲ'tsufka]
voorvoegsel (het)	prefiks (m)	['prɛfiks]
lettergreep (de)	sylaba (ż)	[sɨ'ʎaba]
achtervoegsel (het)	sufiks (m)	['sufiks]
nadruk (de)	akcent (m)	['aktsɛnt]
afkappingsteken (het)	apostrof (m)	[a'pɔstrɔf]
punt (de)	kropka (ż)	['krɔpka]
komma (de/het)	przecinek (m)	[pʃɛ'tʃinɛk]
puntkomma (de)	średnik (m)	['ɕrɛdnik]
dubbelpunt (de)	dwukropek (m)	[dvuk'rɔpɛk]
beletselteken (het)	wielokropek (m)	[velɜk'rɔpɛk]
vraagteken (het)	znak (m) zapytania	[znak zapɨ'taɲa]
uitroepteken (het)	wykrzyknik (m)	[vɨk'ʃɨknik]

aanhalingstekens (mv.)	cudzysłów (m)	[tsu'dziswuf]
tussen aanhalingstekens (bw)	w cudzysłowie	[f tsudzis'wɔve]
haakjes (mv.)	nawias (m)	['navʲas]
tussen haakjes (bw)	w nawiasie	[v na'vʲaɕe]
streepje (het)	łącznik (m)	['wɔ̃tʃnik]
gedachtestreepje (het)	myślnik (m)	['miɕʎnik]
spatie	odstęp (m)	['ɔtstɛ̃p]
(~ tussen twee woorden)		
letter (de)	litera (ż)	[li'tɛra]
hoofdletter (de)	wielka litera (ż)	['vɛʎka li'tɛra]
klinker (de)	samogłoska (ż)	[samɔg'wɔska]
medeklinker (de)	spółgłoska (ż)	[spuwg'wɔska]
zin (de)	zdanie (n)	['zdane]
onderwerp (het)	podmiot (m)	['pɔdmɜt]
gezegde (het)	orzeczenie (n)	[ɔʒɛt'ʃɛne]
regel (in een tekst)	linijka (n)	[li'nijka]
op een nieuwe regel (bw)	od nowej linii	[ɔd 'nɔvɛj 'liniː]
alinea (de)	akapit (m)	[a'kapit]
woord (het)	słowo (n)	['swɔvɔ]
woordgroep (de)	połączenie (n) wyrazowe	[pɔwɔ̃t'ʃɛne vira'zɔvɛ]
uitdrukking (de)	wyrażenie (n)	[vira'ʒɛne]
synoniem (het)	synonim (m)	[si'nɔnim]
antoniem (het)	antonim (m)	[an'tɔnim]
regel (de)	reguła (ż)	[rɛ'guwa]
uitzondering (de)	wyjątek (m)	[viɔ̃tɛk]
correct (bijv. ~e spelling)	poprawny	[pɔp'ravnɨ]
vervoeging, conjugatie (de)	koniugacja (ż)	[kɔnʰju'gatsʰja]
verbuiging, declinatie (de)	deklinacja (ż)	[dɛkli'natsʰja]
naamval (de)	przypadek (m)	[pʃi'padɛk]
vraag (de)	pytanie (n)	[pi'tane]
onderstrepen (ww)	podkreślić	[pɔtk'rɛɕlitʃ]
stippellijn (de)	linia (ż) przerywana	['liɲja pʃɛri'vana]

98. Vreemde talen

taal (de)	język (m)	['enzik]
vreemde taal (de)	obcy język (m)	['ɔbtsɨ 'enzik]
leren (bijv. van buiten ~)	studiować	[studʰɔvatʃ]
studeren (Nederlands ~)	uczyć się	['utʃitʃ ɕɛ̃]
lezen (ww)	czytać	['tʃitatʃ]
spreken (ww)	mówić	['muvitʃ]
begrijpen (ww)	rozumieć	[rɔ'zumetʃ]
schrijven (ww)	pisać	['pisatʃ]
snel (bw)	szybko	['ʃipkɔ]
langzaam (bw)	wolno	['vɔʎnɔ]

Nederlands	Pools	Uitspraak
vloeiend (bw)	swobodnie	[sfɔ'bɔdne]
regels (mv.)	reguły (l.mn.)	[rɛ'guwi]
grammatica (de)	gramatyka (ż)	[gra'matika]
vocabulaire (het)	słownictwo (n)	[swɔv'nitstfɔ]
fonetiek (de)	fonetyka (ż)	[fɔ'nɛtika]
leerboek (het)	podręcznik (m)	[pɔd'rɛntʃnik]
woordenboek (het)	słownik (m)	['swɔvnik]
leerboek (het) voor zelfstudie	samouczek (m)	[samɔ'utʃɛk]
taalgids (de)	rozmówki (l.mn.)	[rɔz'mufki]
cassette (de)	kaseta (ż)	[ka'sɛta]
videocassette (de)	kaseta (ż) wideo	[ka'sɛta vi'dɛɔ]
CD (de)	płyta CD (ż)	['pwita si'di]
DVD (de)	płyta DVD (ż)	['pwita divi'di]
alfabet (het)	alfabet (m)	[aʎ'fabɛt]
spellen (ww)	przeliterować	[pʃɛlite'rɔvatʃ]
uitspraak (de)	wymowa (ż)	[vi'mɔva]
accent (het)	akcent (m)	['aktsɛnt]
met een accent (bw)	z akcentem	[z ak'tsɛntɛm]
zonder accent (bw)	bez akcentu	[bɛz ak'tsɛntu]
woord (het)	wyraz (m), słowo (n)	['viras], ['svɔvɔ]
betekenis (de)	znaczenie (n)	[zna'tʃɛnie]
cursus (de)	kurs (m)	[kurs]
zich inschrijven (ww)	zapisać się	[za'pisatʃ ɕɛ̃]
leraar (de)	wykładowca (m)	[vikwa'dɔftsa]
vertaling (een ~ maken)	tłumaczenie (n)	[twumat'ʃɛne]
vertaling (tekst)	przekład (m)	['pʃɛkwat]
vertaler (de)	tłumacz (m)	['twumatʃ]
tolk (de)	tłumacz (m)	['twumatʃ]
polyglot (de)	poliglota (m)	[pɔlig'lɔta]
geheugen (het)	pamięć (ż)	['pamɛ̃tʃ]

Rusten. Entertainment. Reizen

99. Trip. Reizen

toerisme (het)	turystyka (ż)	[tu'ristika]
toerist (de)	turysta (m)	[tu'rista]
reis (de)	podróż (ż)	['pɔdruʃ]
avontuur (het)	przygoda (ż)	[pʃi'gɔda]
tocht (de)	podróż (ż)	['pɔdruʃ]
vakantie (de)	urlop (m)	['urlɔp]
met vakantie zijn	być na urlopie	[bɨtʃ na ur'lɔpe]
rust (de)	wypoczynek (m)	[vɨpɔt'ʃɨnɛk]
trein (de)	pociąg (m)	['pɔtʃɔ̃k]
met de trein	pociągiem	[pɔtʃɔ̃gem]
vliegtuig (het)	samolot (m)	[sa'mɔlɔt]
met het vliegtuig	samolotem	[samɔ'lɔtɛm]
met de auto	samochodem	[samɔ'hɔdɛm]
per schip (bw)	statkiem	['statkem]
bagage (de)	bagaż (m)	['bagaʃ]
valies (de)	walizka (ż)	[va'liska]
bagagekarretje (het)	wózek (m) bagażowy	['vuzɛk baga'ʒɔvɨ]
paspoort (het)	paszport (m)	['paʃpɔrt]
visum (het)	wiza (ż)	['viza]
kaartje (het)	bilet (m)	['bilet]
vliegticket (het)	bilet (m) lotniczy	['bilet lɔt'nitʃɨ]
reisgids (de)	przewodnik (m)	[pʃɛ'vɔdnik]
kaart (de)	mapa (ż)	['mapa]
gebied (landelijk ~)	miejscowość (ż)	[mejs'tsɔvɔɕtʃ]
plaats (de)	miejsce (n)	['mejstsɛ]
exotische bestemming (de)	egzotyka (ż)	[ɛg'zɔtɨka]
exotisch (bn)	egzotyczny	[ɛgzɔ'tɨtʃnɨ]
verwonderlijk (bn)	zadziwiający	[zadʑivjaɔ̃tsi]
groep (de)	grupa (ż)	['grupa]
rondleiding (de)	wycieczka (ż)	[vɨ'tʃetʃka]
gids (de)	przewodnik (ż)	[pʃɛ'vɔdnik]

100. Hotel

hotel (het)	hotel (m)	['hɔtɛʎ]
motel (het)	motel (m)	['mɔtɛʎ]
3-sterren	trzy gwiazdki	[tʃɨ 'gvʲaztki]

T&P Books. Thematische woordenschat Nederlands-Pools - 5000 woorden

| 5-sterren | pięć gwiazdek | [pɛ̃tʃ 'gvʲazdɛk] |
| overnachten (ww) | zatrzymać się | [zat'ʃimatʃ ɕɛ̃] |

kamer (de)	pokój (m)	['pɔkuj]
eenpersoonskamer (de)	pokój (m) jednoosobowy	['pɔkuj ednɔːsɔ'bɔvɨ]
tweepersoonskamer (de)	pokój (m) dwuosobowy	['pɔkuj dvuɔsɔ'bɔvɨ]
een kamer reserveren	rezerwować pokój	[rɛzɛr'vɔvatʃ 'pɔkuj]

| halfpension (het) | wyżywienie (n) Half Board | [vɨʒi'vene haf bɔrd] |
| volpension (het) | pełne (n) wyżywienie | ['pɛwnɛ vɨʒivi'ene] |

met badkamer	z łazienką	[z wa'ʒenkɔ̃]
met douche	z prysznicem	[z priʃ'nitsɛm]
satelliet-tv (de)	telewizja (ż) satelitarna	[tɛle'vizʲja satɛli'tarna]
airconditioner (de)	klimatyzator (m)	[klimatɨ'zatɔr]
handdoek (de)	ręcznik (m)	['rɛntʃnik]
sleutel (de)	klucz (m)	[klytʃ]

administrateur (de)	administrator (m)	[administ'ratɔr]
kamermeisje (het)	pokojówka (ż)	[pɔkɔ'jufka]
piccolo (de)	tragarz (m)	['tragaʃ]
portier (de)	odźwierny (m)	[ɔd'vjernɨ]

restaurant (het)	restauracja (ż)	[rɛstau'ratsʲja]
bar (de)	bar (m)	[bar]
ontbijt (het)	śniadanie (n)	[ɕɲa'dane]
avondeten (het)	kolacja (ż)	[kɔ'ʎatsʲja]
buffet (het)	szwedzki stół (m)	['ʃfɛtski stuw]

lift (de)	winda (ż)	['vinda]
NIET STOREN	NIE PRZESZKADZAĆ	[ne pʃɛʃ'kadzatʃ]
VERBODEN TE ROKEN!	ZAKAZ PALENIA!	['zakas pa'leɲa]

TECHNISCHE APPARATUUR. VERVOER

Technische apparatuur

101. Computer

computer (de)	komputer (m)	[kɔm'putɛr]
laptop (de)	laptop (m)	['ʎaptɔp]
aanzetten (ww)	włączyć	['vwɔ̃ʧiʧ]
uitzetten (ww)	wyłączyć	[vɨ'wɔ̃ʧiʧ]
toetsenbord (het)	klawiatura (z)	[kʎavʰja'tura]
toets (enter~)	klawisz (m)	['kʎaviʃ]
muis (de)	myszka (z)	['miʃka]
muismat (de)	podkładka (z) pod myszkę	[pɔtk'watka pɔd 'miʃkɛ]
knopje (het)	przycisk (m)	['pʃiʧisk]
cursor (de)	kursor (m)	['kursɔr]
monitor (de)	monitor (m)	[mɔ'nitɔr]
scherm (het)	ekran (m)	['ɛkran]
harde schijf (de)	dysk (m) twardy	[disk 'tfardɨ]
volume (het) van de harde schijf	pojemność (z) dysku twardego	[pɔ'emnɔçʧ 'disku tfar'dɛgɔ]
geheugen (het)	pamięć (z)	['pamɛ̃ʧ]
RAM-geheugen (het)	pamięć (z) operacyjna	['pamɛ̃ʧ ɔpɛra'tsɨjna]
bestand (het)	plik (m)	[plik]
folder (de)	folder (m)	['fɔʎdɛr]
openen (ww)	otworzyć	[ɔt'fɔʒɨʧ]
sluiten (ww)	zamknąć	['zamknɔ̃ʧ]
opslaan (ww)	zapisać	[za'pisaʧ]
verwijderen (wissen)	usunąć	[u'sunɔ̃ʧ]
kopiëren (ww)	skopiować	[skɔ'pʲovaʧ]
sorteren (ww)	segregować	[sɛgrɛ'gɔvaʧ]
overplaatsen (ww)	przepisać	[pʃɛ'pisaʧ]
programma (het)	program (m)	['prɔgram]
software (de)	oprogramowanie (n)	[ɔprɔgramɔ'vane]
programmeur (de)	programista (m)	[prɔgra'mista]
programmeren (ww)	zaprogramować	[zaprɔgra'mɔvaʧ]
hacker (computerkraker)	haker (m)	['hakɛr]
wachtwoord (het)	hasło (n)	['haswɔ]
virus (het)	wirus (m)	['virus]
ontdekken (virus ~)	wykryć	['vɨkrɨʧ]

byte (de)	bajt (m)	[bajt]
megabyte (de)	megabajt (m)	[mɛga'bajt]

data (de)	dane (l.mn.)	['danɛ]
databank (de)	baza (z) danych	['baza 'danɨh]

kabel (USB-~, enz.)	kabel (m)	['kabɛʎ]
afsluiten (ww)	odłączyć	[ɔd'wɔ̃tʃitʃ]
aansluiten op (ww)	podłączyć	[pɔd'wɔ̃tʃitʃ]

102. Internet. E-mail

internet (het)	Internet (m)	[in'tɛrnɛt]
browser (de)	przeglądarka (z)	[pʃɛglɔ̃'darka]
zoekmachine (de)	wyszukiwarka (z)	[vɨʃuki'varka]
internetprovider (de)	dostawca (m) internetu	[dɔs'taftsa intɛr'nɛtu]

webmaster (de)	webmaster (m)	[vɛb'mastɛr]
website (de)	witryna (z) internetowa	[vit'rɨna intɛrnɛ'tɔva]
webpagina (de)	strona (z) internetowa	['strɔna intɛrnɛ'tɔva]

adres (het)	adres (m)	['adrɛs]
adresboek (het)	książka (z) adresowa	[kɕɔ̃ʃka adrɛ'sɔva]

postvak (het)	skrzynka (z) pocztowa	['skʃiŋka pɔtʃ'tɔva]
post (de)	poczta (z)	['pɔtʃta]

bericht (het)	wiadomość (z)	[vʲa'dɔmɔɕtʃ]
verzender (de)	nadawca (m)	[na'daftsa]
verzenden (ww)	wysłać	['vɨswatʃ]
verzending (de)	wysłanie (n)	[vɨs'wane]

ontvanger (de)	odbiorca (m)	[ɔd'bɔrtsa]
ontvangen (ww)	dostać	['dɔstatʃ]

correspondentie (de)	korespondencja (z)	[kɔrɛspɔn'dɛntsʰja]
corresponderen (met ...)	korespondować	[kɔrɛspɔn'dɔvatʃ]

bestand (het)	plik (m)	[plik]
downloaden (ww)	ściągnąć	[ɕtʃɔ̃gnɔɲtʃ]
creëren (ww)	utworzyć	[ut'fɔʒitʃ]
verwijderen (een bestand ~)	usunąć	[u'sunɔ̃tʃ]
verwijderd (bn)	usunięty	[usu'nenti]

verbinding (de)	połączenie (n)	[pɔwɔ̃t'ʃɛne]
snelheid (de)	szybkość (z)	['ʃɨpkɔɕtʃ]
modem (de)	modem (m)	['mɔdɛm]
toegang (de)	dostęp (m)	['dɔstɛ̃p]
poort (de)	port (m)	[pɔrt]

aansluiting (de)	połączenie (n)	[pɔwɔ̃t'ʃɛne]
zich aansluiten (ww)	podłączyć się	[pɔd'wɔ̃tʃitʃ ɕɛ̃]
selecteren (ww)	wybrać	['vɨbratʃ]
zoeken (ww)	szukać	['ʃukatʃ]

103. Elektriciteit

elektriciteit (de)	elektryczność (ż)	[ɛlekt'ritʃnoɕtʃ]
elektrisch (bn)	elektryczny	[ɛlekt'ritʃni]
elektriciteitscentrale (de)	elektrownia (ż)	[ɛlekt'rɔvɲa]
energie (de)	energia (ż)	[ɛ'nɛrgja]
elektrisch vermogen (het)	prąd (m)	[prɔ̃t]

lamp (de)	żarówka (ż)	[ʒa'rufka]
zaklamp (de)	latarka (ż)	[ʎa'tarka]
straatlantaarn (de)	latarnia (ż)	[ʎa'tarɲa]

licht (elektriciteit)	światło (n)	['ɕfʲatwɔ]
aandoen (ww)	włączać	['vwɔ̃tʃatʃ]
uitdoen (ww)	wyłączać	[vɨ'wɔ̃tʃatʃ]
het licht uitdoen	zgasić światło	['zgaɕitʃ 'ɕfʲatwɔ]

doorbranden (gloeilamp)	spalić się	['spalitʃ ɕɛ̃]
kortsluiting (de)	krótkie zwarcie (n)	['krutke 'zvartʃe]
onderbreking (de)	przerwanie (n) przewodu	[pʃɛri'vanie pʃɛ'vɔdu]
contact (het)	styk (m)	[stik]

schakelaar (de)	wyłącznik (m)	[vɨ'wɔ̃tʃnik]
stopcontact (het)	gniazdko (n)	['gɲastkɔ]
stekker (de)	wtyczka (ż)	['ftitʃka]
verlengsnoer (de)	przedłużacz (m)	[pʃɛd'wuʒatʃ]

zekering (de)	bezpiecznik (m)	[bɛs'petʃnik]
kabel (de)	przewód (m)	['pʃɛvut]
bedrading (de)	instalacja (ż) elektryczna	[insta'ʎatsʲja ɛlekt'ritʃna]

ampère (de)	amper (m)	[am'pɛr]
stroomsterkte (de)	natężenie (n) prądu	[natɛ̃'ʒɛne 'prɔ̃du]
volt (de)	wolt (m)	[vɔʎt]
spanning (de)	napięcie (n)	[na'pɛ̃tʃe]

elektrisch toestel (het)	przyrząd (m) elektryczny	['pʃiʒɔ̃d ɛlekt'ritʃni]
indicator (de)	wskaźnik (m)	['fskazʲnik]

electricien (de)	elektryk (m)	[ɛ'lektrik]
solderen (ww)	lutować	[lɨ'tɔvatʃ]
soldeerbout (de)	lutownica (ż)	[lɨtɔv'nitsa]
stroom (de)	prąd (m)	[prɔ̃t]

104. Gereedschappen

werktuig (stuk gereedschap)	narzędzie (n)	[na'ʒɛ̃dʒe]
gereedschap (het)	narzędzia (l.mn.)	[na'ʒɛ̃dʒʲa]
uitrusting (de)	sprzęt (m)	[spʃɛ̃t]

hamer (de)	młotek (m)	['mwɔtɛk]
schroevendraaier (de)	śrubokręt (m)	[ɕru'bokrɛ̃t]
bijl (de)	siekiera (ż)	[ɕe'kera]

zaag (de)	piła (z)	['piwa]
zagen (ww)	piłować	[pi'wɔvatʃ]
schaaf (de)	strug (m)	[struk]
schaven (ww)	heblować	[hɛb'lɜvatʃ]
soldeerbout (de)	lutownica (z)	[lytɔv'nitsa]
solderen (ww)	lutować	[ly'tɔvatʃ]
vijl (de)	pilnik (m)	['piʎnik]
nijptang (de)	obcęgi (l.mn.)	[ɔp'tsɛɲi]
combinatietang (de)	kombinerki (l.mn.)	[kɔmbi'nɛrki]
beitel (de)	dłuto (n) stolarskie	['dwutɔ stɔ'ʎarske]
boorkop (de)	wiertło (n)	['vertwɔ]
boormachine (de)	wiertarka (z)	[ver'tarka]
boren (ww)	wiercić	['vertʃitʃ]
mes (het)	nóż (m)	[nuʃ]
zakmes (het)	scyzoryk (m)	[stsi'zɔrik]
knip- (abn)	składany	[skwa'dani]
lemmet (het)	ostrze (n)	['ɔstʃɛ]
scherp (bijv. ~ mes)	ostry	['ɔstri]
bot (bn)	tępy	['tɛ̃pi]
bot raken (ww)	stępić się	['stɛmpitʃ cɛ̃]
slijpen (een mes ~)	ostrzyć	['ɔstʃitʃ]
bout (de)	śruba (z)	['cruba]
moer (de)	nakrętka (z)	[nak'rɛntka]
schroefdraad (de)	gwint (m)	[gvint]
houtschroef (de)	wkręt (m)	[fkrɛ̃t]
nagel (de)	gwóźdź (m)	[gvuctʃ]
kop (de)	główka (z)	['gwufka]
liniaal (de/het)	linijka (z)	[li'nijka]
rolmeter (de)	taśma (z) miernicza	['tacma mer'nitʃa]
waterpas (de/het)	poziomica (z)	[pɔʒɜ'mitsa]
loep (de)	lupa (z)	['lypa]
meetinstrument (het)	miernik (m)	['mernik]
opmeten (ww)	mierzyć	['meʒitʃ]
schaal (meetschaal)	skala (z)	['skaʎa]
gegevens (mv.)	odczyt (m)	['ɔdʃtʃit]
compressor (de)	sprężarka (z)	[sprɛ̃'ʒarka]
microscoop (de)	mikroskop (m)	[mik'rɔskɔp]
pomp (de)	pompa (z)	['pɔmpa]
robot (de)	robot (m)	['rɔbɔt]
laser (de)	laser (m)	['ʎasɛr]
moersleutel (de)	klucz (m) francuski	[klytʃ fran'tsuski]
plakband (de)	taśma (z) klejąca	['tacma kleɔ̃tsa]
lijm (de)	klej (m)	[klej]
schuurpapier (het)	papier (m) ścierny	['paper 'ctʃerni]
veer (de)	sprężyna (z)	[sprɛ̃'ʒina]

magneet (de)	magnes (m)	['magnɛs]
handschoenen (mv.)	rękawiczki (l.mn.)	[rɛ̃ka'vitʃki]
touw (bijv. henneptouw)	sznurek (m)	['ʃnurɛk]
snoer (het)	sznur (m)	[ʃnur]
draad (de)	przewód (m)	['pʃɛvut]
kabel (de)	kabel (m)	['kabɛʎ]
moker (de)	młot (m)	[mwɔt]
breekijzer (het)	łom (m)	[wɔm]
ladder (de)	drabina (ż)	[dra'bina]
trapje (inklapbaar ~)	drabinka (ż) składana	[dra'biŋka skwa'dana]
aanschroeven (ww)	przekręcać	[pʃɛk'rɛntsatʃ]
losschroeven (ww)	odkręcać	[ɔtk'rɛntsatʃ]
dichtpersen (ww)	zaciskać	[za'tʃiskatʃ]
vastlijmen (ww)	przyklejać	[pʃɨk'lejatʃ]
snijden (ww)	ciąć	[tʃɔ̃ᶦtʃ]
defect (het)	uszkodzenie (n)	[uʃkɔ'dzɛne]
reparatie (de)	naprawa (ż)	[nap'rava]
repareren (ww)	reperować	[rɛpɛ'rɔvatʃ]
regelen (een machine ~)	regulować	[rɛgu'lɔvatʃ]
nakijken (ww)	sprawdzać	['spravdzatʃ]
controle (de)	kontrola (ż)	[kɔnt'rɔʎa]
gegevens (mv.)	odczyt (m)	['ɔdʃtʃit]
degelijk (bijv. ~ machine)	niezawodny	[neza'vɔdnɨ]
ingewikkeld (bn)	złożony	[zwɔ'ʒɔnɨ]
roesten (ww)	rdzewieć	['rdzɛvetʃ]
roestig (bn)	zardzewiały	[zardzɛ'vʲawɨ]
roest (de/het)	rdza (ż)	[rdza]

Vervoer

105. Vliegtuig

vliegtuig (het)	samolot (m)	[sa'mɔlɜt]
vliegticket (het)	bilet (m) lotniczy	['bilet lɜt'nitʃi]
luchtvaartmaatschappij (de)	linie (l.mn.) lotnicze	['linje lɜt'nitʃɛ]
luchthaven (de)	port (m) lotniczy	[pɔrt lɜt'nitʃi]
supersonisch (bn)	ponaddźwiękowy	[pɔnaddʒʲvɛ̃'kɔvi]
gezagvoerder (de)	kapitan (m) statku	[ka'pitan 'statku]
bemanning (de)	załoga (ż)	[za'wɔga]
piloot (de)	pilot (m)	['pilɜt]
stewardess (de)	stewardessa (ż)	[stɛva'rdɛssa]
stuurman (de)	nawigator (m)	[navi'gatɔr]
vleugels (mv.)	skrzydła (l.mn.)	['skʃidwa]
staart (de)	ogon (m)	['ɔgɔn]
cabine (de)	kabina (ż)	[ka'bina]
motor (de)	silnik (m)	['ɕiʎnik]
landingsgestel (het)	podwozie (n)	[pɔd'vɔʒe]
turbine (de)	turbina (ż)	[tur'bina]
propeller (de)	śmigło (n)	['ɕmigwɔ]
zwarte doos (de)	czarna skrzynka (ż)	['tʃarna 'skʃiŋka]
stuur (het)	wolant (m)	['vɔʎant]
brandstof (de)	paliwo (n)	[pa'livɔ]
veiligheidskaart (de)	instrukcja (ż)	[inst'ruktsʲja]
zuurstofmasker (het)	maska (ż) tlenowa	['maska tle'nɔva]
uniform (het)	uniform (m)	[u'nifɔrm]
reddingsvest (de)	kamizelka (ż) ratunkowa	[kami'zɛʎka ratu'ŋkɔva]
parachute (de)	spadochron (m)	[spa'dɔhrɔn]
opstijgen (het)	start (m)	[start]
opstijgen (ww)	startować	[star'tɔvatʃ]
startbaan (de)	pas (m) startowy	[pas star'tɔvi]
zicht (het)	widoczność (ż)	[vi'dɔtʃnɔɕtʃ]
vlucht (de)	lot (m)	['lɜt]
hoogte (de)	wysokość (ż)	[vi'sɔkɔɕtʃ]
luchtzak (de)	dziura (ż) powietrzna	['dʒyra pɔ'vetʃna]
plaats (de)	miejsce (n)	['mejstsɛ]
koptelefoon (de)	słuchawki (l.mn.)	[swu'hafki]
tafeltje (het)	stolik (m) rozkładany	['stɔlik rɔskwa'danɨ]
venster (het)	iluminator (m)	[ilymi'natɔr]
gangpad (het)	przejście (n)	['pʃɛjɕtʃe]

106. Trein

trein (de)	pociąg (m)	['potʃɔ̃k]
elektrische trein (de)	pociąg (m) podmiejski	['potʃɔ̃k pɔd'mejski]
sneltrein (de)	pociąg (m) pośpieszny	['potʃɔ̃k pɔɕ'peʃni]
diesellocomotief (de)	lokomotywa (ż)	[lɔkɔmɔ'tiva]
locomotief (de)	parowóz (m)	[pa'rɔvus]

rijtuig (het)	wagon (m)	['vagɔn]
restauratierijtuig (het)	wagon (m) restauracyjny	['vagɔn rɛstaura'tsijni]

rails (mv.)	szyny (l.mn.)	['ʃini]
spoorweg (de)	kolej (ż)	['kɔlej]
dwarsligger (de)	podkład (m)	['pɔtkwat]

perron (het)	peron (m)	['pɛrɔn]
spoor (het)	tor (m)	[tɔr]
semafoor (de)	semafor (m)	[sɛ'mafɔr]
halte (bijv. kleine treinhalte)	stacja (ż)	['statsʲja]

machinist (de)	maszynista (m)	[maʃi'nista]
kruier (de)	tragarz (m)	['tragaʃ]
conducteur (de)	konduktor (m)	[kɔn'duktɔr]
passagier (de)	pasażer (m)	[pa'saʒɛr]
controleur (de)	kontroler (m)	[kɔnt'rɔler]

gang (in een trein)	korytarz (m)	[kɔ'ritaʃ]
noodrem (de)	hamulec (m) bezpieczeństwa	[ha'mulɛts bɛzpet'ʃɛɲstfa]

coupé (de)	przedział (m)	['pʃɛdʑʲaw]
bed (slaapplaats)	łóżko (n)	['wuʃkɔ]
bovenste bed (het)	łóżko (n) górne	['wuʃkɔ 'gurnɛ]
onderste bed (het)	łóżko (n) dolne	['wuʃkɔ 'dɔlnɛ]
beddengoed (het)	pościel (ż)	['pɔɕtʃeʎ]

kaartje (het)	bilet (m)	['bilet]
dienstregeling (de)	rozkład (m) jazdy	['rɔskwad 'jazdi]
informatiebord (het)	tablica (ż) informacyjna	[tab'litsa infɔrma'tsijna]

vertrekken (De trein vertrekt ...)	odjeżdżać	[ɔdʰ'eʒdʒatʃ]
vertrek (ov. een trein)	odjazd (m)	['ɔdʰjast]
aankomen (ov. de treinen)	wjeżdżać	['vʰeʒdʒatʃ]
aankomst (de)	przybycie (n)	[pʃi'bitʃe]

aankomen per trein	przyjechać pociągiem	[pʃi'ehatʃ pɔtʃɔ̃gem]
in de trein stappen	wsiąść do pociągu	[fɕɔ̃ɕtʃ dɔ pɔtʃɔ̃gu]
uit de trein stappen	wysiąść z pociągu	['viɕɔ̃ɕtʃ s pɔtʃɔ̃gu]

treinwrak (het)	katastrofa (ż)	[katast'rɔfa]
locomotief (de)	parowóz (m)	[pa'rɔvus]
stoker (de)	palacz (m)	['paʎatʃ]
stookplaats (de)	palenisko (n)	[pale'niskɔ]
steenkool (de)	węgiel (m)	['vɛŋeʎ]

107. Schip

Nederlands	Pools	Uitspraak
schip (het)	statek (m)	['statɛk]
vaartuig (het)	okręt (m)	['ɔkrɛ̃t]
stoomboot (de)	parowiec (m)	[pa'rɔvets]
motorschip (het)	motorowiec (m)	[mɔtɔ'rɔvets]
lijnschip (het)	liniowiec (m)	[li'ɲɔvets]
kruiser (de)	krążownik (m)	[krɔ̃'ʒɔvnik]
jacht (het)	jacht (m)	[jaht]
sleepboot (de)	holownik (m)	[hɔ'lɔvnik]
duwbak (de)	barka (ż)	['barka]
ferryboot (de)	prom (m)	[prɔm]
zeilboot (de)	żaglowiec (m)	[ʒag'lɔvets]
brigantijn (de)	brygantyna (ż)	[brigan'tɨna]
IJsbreker (de)	lodołamacz (m)	[lɔdɔ'wamatʃ]
duikboot (de)	łódź (ż) podwodna	[wutʃ pɔd'vɔdna]
boot (de)	łódź (ż)	[wutʃ]
sloep (de)	szalupa (ż)	[ʃa'lypa]
reddingssloep (de)	szalupa (ż)	[ʃa'lypa]
motorboot (de)	motorówka (ż)	[mɔtɔ'rufka]
kapitein (de)	kapitan (m)	[ka'pitan]
zeeman (de)	marynarz (m)	[ma'rɨnaʃ]
matroos (de)	marynarz (m)	[ma'rɨnaʃ]
bemanning (de)	załoga (ż)	[za'wɔga]
bootsman (de)	bosman (m)	['bɔsman]
scheepsjongen (de)	chłopiec (m) okrętowy	['hwɔpets ɔkrɛ̃'tɔvɨ]
kok (de)	kucharz (m) okrętowy	['kuhaʃ ɔkrɛ̃'tɔvɨ]
scheepsarts (de)	lekarz (m) okrętowy	['lekaʃ ɔkrɛ̃'tɔvɨ]
dek (het)	pokład (m)	['pɔkwat]
mast (de)	maszt (m)	[maʃt]
zeil (het)	żagiel (m)	['ʒageʎ]
ruim (het)	ładownia (ż)	[wa'dɔvɲa]
voorsteven (de)	dziób (m)	[dʑyp]
achtersteven (de)	rufa (ż)	['rufa]
roeispaan (de)	wiosło (n)	['vɔswɔ]
schroef (de)	śruba (ż) napędowa	['ɕruba napɛ̃'dɔva]
kajuit (de)	kajuta (ż)	[ka'juta]
officierskamer (de)	mesa (ż)	['mɛsa]
machinekamer (de)	maszynownia (ż)	[maʃɨ'nɔvɲa]
brug (de)	mostek (m) kapitański	['mɔstɛk kapi'taɲski]
radiokamer (de)	radiokabina (ż)	[radʰɔka'bina]
radiogolf (de)	fala (ż)	['faʎa]
logboek (het)	dziennik (m) pokładowy	['dʑeɲik pɔkwa'dɔvɨ]
verrekijker (de)	luneta (ż)	[ly'nɛta]
klok (de)	dzwon (m)	[dzvɔn]

vlag (de)	bandera (ż)	[ban'dɛra]
kabel (de)	lina (ż)	['lina]
knoop (de)	węzeł (m)	['vɛnzɛw]
trapleuning (de)	poręcz (ż)	['pɔrɛ̃tʃ]
trap (de)	trap (m)	[trap]
anker (het)	kotwica (ż)	[kɔt'fitsa]
het anker lichten	podnieść kotwicę	['pɔdnɛɕtʃ kɔt'fitsɛ̃]
het anker neerlaten	zarzucić kotwicę	[za'ʒutʃitʃ kɔt'fitsɛ̃]
ankerketting (de)	łańcuch (m) kotwicy	['waɲtsuh kɔt'fitsi]
haven (bijv. containerhaven)	port (m)	[pɔrt]
kaai (de)	nabrzeże (n)	[nab'ʒɛʒɛ]
aanleggen (ww)	cumować	[tsu'mɔvatʃ]
wegvaren (ww)	odbijać	[ɔd'bijatʃ]
reis (de)	podróż (ż)	['pɔdruʃ]
cruise (de)	podróż (ż) morska	['pɔdruʃ 'mɔrska]
koers (de)	kurs (m)	[kurs]
route (de)	trasa (ż)	['trasa]
vaarwater (het)	tor (m) wodny	[tɔr 'vɔdni]
zandbank (de)	mielizna (ż)	[mɛ'lizna]
stranden (ww)	osiąść na mieliźnie	['ɔɕɕ̃ɕtʃ na mɛ'liźnɛ]
storm (de)	sztorm (m)	[ʃtɔrm]
signaal (het)	sygnał (m)	['signaw]
zinken (ov. een boot)	tonąć	['tɔ̃ɔ̃ntʃ]
SOS (noodsignaal)	SOS	[ɛs ɔ ɛs]
reddingsboei (de)	koło (n) ratunkowe	['kɔwɔ ratu'ŋkɔvɛ]

108. Vliegveld

luchthaven (de)	port (m) lotniczy	[pɔrt lɔt'nitʃi]
vliegtuig (het)	samolot (m)	[sa'mɔlɔt]
luchtvaartmaatschappij (de)	linie (l.mn.) lotnicze	['liɲjɛ lɔt'nitʃɛ]
luchtverkeersleider (de)	kontroler (m) lotów	[kɔnt'rɔlɛr 'lɔtuf]
vertrek (het)	odlot (m)	['ɔdlɔt]
aankomst (de)	przylot (m)	['pʃilɔt]
aankomen (per vliegtuig)	przylecieć	[pʃi'lɛtʃɛtʃ]
vertrektijd (de)	godzina (ż) odlotu	[gɔ'dʒina ɔd'lɔtu]
aankomstuur (het)	godzina (ż) przylotu	[gɔ'dʒina pʃi'lɔtu]
vertraagd zijn (ww)	opóźniać się	[ɔ'puʑɲatʃ ɕɛ̃]
vluchtvertraging (de)	opóźnienie (n) odlotu	[ɔpuʑ'ɲɛnɛ ɔd'lɔtu]
informatiebord (het)	tablica (ż) informacyjna	[tab'litsa infɔrma'tsijna]
informatie (de)	informacja (ż)	[infɔr'matsʰja]
aankondigen (ww)	ogłaszać	[ɔg'waʃatʃ]
vlucht (bijv. KLM ~)	lot (m)	['lɔt]
douane (de)	urząd (m) celny	['uʒɔ̃t 'tsɛlɲi]

T&P Books. Thematische woordenschat Nederlands-Pools - 5000 woorden

douanier (de)	celnik (m)	['tsɛʎnik]
douaneaangifte (de)	deklaracja (ż)	[dɛkʎa'ratsʰja]
een douaneaangifte invullen	wypełnić deklarację	[vi'pɛwnitʃ dɛkʎa'ratsʰɛ̃]
paspoortcontrole (de)	odprawa (ż) paszportowa	[ɔtp'rava paʃpɔr'tɔva]

bagage (de)	bagaż (m)	['bagaʃ]
handbagage (de)	bagaż (m) podręczny	['bagaʃ pɔd'rɛntʃni]
Gevonden voorwerpen	poszukiwanie (n) bagażu	[pɔʃuki'vane ba'gaʒu]
bagagekarretje (het)	wózek (m) bagażowy	['vuzɛk baga'ʒɔvi]

landing (de)	lądowanie (n)	[lɔ̃dɔ'vane]
landingsbaan (de)	pas (m) startowy	[pas star'tɔvi]
landen (ww)	lądować	[lɔ̃'dɔvatʃ]
vliegtuigtrap (de)	schody (l.mn.) do samolotu	['shɔdi dɔ samɔ'lɔtu]

inchecken (het)	odprawa (ż) biletowa	[ɔtp'rava bile'tɔva]
incheckbalie (de)	stanowisko (n) odprawy	[stanɔ'viskɔ ɔtp'ravi]
inchecken (ww)	zgłosić się do odprawy	['zgwɔɕitʃ ɕɛ̃ dɔ ɔtp'ravi]
instapkaart (de)	karta (ż) pokładowa	['karta pɔkwa'dɔva]
gate (de)	wyjście (n) do odprawy	['vijɕtʃe dɔ ɔtp'ravi]

transit (de)	tranzyt (m)	['tranzit]
wachten (ww)	czekać	['tʃɛkatʃ]
wachtzaal (de)	poczekalnia (ż)	[pɔtʃɛ'kaʎna]
begeleiden (uitwuiven)	odprowadzać	[ɔtprɔ'vadzatʃ]
afscheid nemen (ww)	żegnać się	['ʒɛgnatʃ ɕɛ̃]

Gebeurtenissen in het leven

109. Vakanties. Evenement

feest (het)	święto (n)	[ˈɕfentɔ]
nationale feestdag (de)	święto (n) państwowe	[ˈɕfentɔ paɲstˈfɔvɛ]
feestdag (de)	dzień (m) świąteczny	[dʑeɲ ɕfɔ̃ˈtɛtʃɲi]
herdenken (ww)	świętować	[ɕfɛ̃ˈtɔvatʃ]
gebeurtenis (de)	wydarzenie (n)	[vidaˈʒɛne]
evenement (het)	impreza (ż)	[impˈrɛza]
banket (het)	bankiet (m)	[ˈbaŋket]
receptie (de)	przyjęcie (n)	[pʃiˈɛ̃tʃe]
feestmaal (het)	uczta (ż)	[ˈutʃta]
verjaardag (de)	rocznica (ż)	[rɔtʃnitsa]
jubileum (het)	jubileusz (m)	[jubiˈleuʃ]
vieren (ww)	obchodzić	[ɔpˈhɔdʑitʃ]
Nieuwjaar (het)	Nowy Rok (m)	[ˈnɔvɨ rɔk]
Gelukkig Nieuwjaar!	Szczęśliwego Nowego Roku!	[ʃtʃɛŋɕliˈvɛgɔ nɔˈvɛgɔ ˈrɔku]
Kerstfeest (het)	Boże Narodzenie (n)	[ˈbɔʒɛ narɔˈdzɛne]
Vrolijk kerstfeest!	Wesołych Świąt!	[vɛˈsɔwɨh ɕfɔ̃t]
kerstboom (de)	choinka (ż)	[hɔˈiŋka]
vuurwerk (het)	sztuczne ognie (l.mn.)	[ˈʃtutʃnɛ ˈɔgne]
bruiloft (de)	wesele (n)	[vɛˈsɛle]
bruidegom (de)	narzeczony (m)	[naʒɛtˈʃɔnɨ]
bruid (de)	narzeczona (ż)	[naʒɛtˈʃɔna]
uitnodigen (ww)	zapraszać	[zapˈraʃatʃ]
uitnodiging (de)	zaproszenie (n)	[zaprɔˈʃɛne]
gast (de)	gość (m)	[gɔɕtʃ]
op bezoek gaan	iść w gości	[iɕtʃ v ˈgɔɕtʃi]
gasten verwelkomen	witać gości	[ˈvitatʃ ˈgɔɕtʃi]
geschenk, cadeau (het)	prezent (m)	[ˈprɛzɛnt]
geven (iets cadeau ~)	dawać w prezencie	[ˈdavatʃ f prɛˈzɛɲtʃe]
geschenken ontvangen	dostawać prezenty	[dɔsˈtavatʃ prɛˈzɛntɨ]
boeket (het)	bukiet (m)	[ˈbuket]
felicitaties (mv.)	gratulacje (l.mn.)	[gratuˈʎatsʰe]
feliciteren (ww)	gratulować	[gratuˈlɔvatʃ]
wenskaart (de)	kartka (ż) z życzeniami	[ˈkartka z ʒitʃeˈɲami]
een kaartje versturen	wysłać kartkę	[ˈvɨswatʃ ˈkartkɛ̃]
een kaartje ontvangen	dostać kartkę	[ˈdɔstatʃ kartkɛ̃]

toast (de)	toast (m)	['tɔast]
aanbieden (een drankje ~)	częstować	[tʃɛ̃s'tɔvatʃ]
champagne (de)	szampan (m)	['ʃampan]

plezier hebben (ww)	bawić się	['bavitʃ cɛ̃]
plezier (het)	zabawa (ż)	[za'bava]
vreugde (de)	radość (ż)	['radɔctʃ]

| dans (de) | taniec (m) | ['tanets] |
| dansen (ww) | tańczyć | ['taɲtʃitʃ] |

| wals (de) | walc (m) | ['vaʎts] |
| tango (de) | tango (n) | ['taŋɔ] |

110. Begrafenissen. Begrafenis

kerkhof (het)	cmentarz (m)	['tsmɛntaʃ]
graf (het)	grób (m)	[grup]
kruis (het)	krzyż (m)	[kʃiʃ]
grafsteen (de)	nagrobek (m)	[nag'rɔbɛk]
omheining (de)	ogrodzenie (n)	[ɔgrɔ'dzɛne]
kapel (de)	kaplica (ż)	[kap'litsa]

dood (de)	śmierć (ż)	[ɕmertʃ]
sterven (ww)	umrzeć	['umʒɛtʃ]
overledene (de)	zmarły (m)	['zmarvi]
rouw (de)	żałoba (ż)	[ʒa'wɔba]

begraven (ww)	chować	['hɔvatʃ]
begrafenisonderneming (de)	zakład (m) pogrzebowy	['zakwat pɔgʒɛ'bɔvi]
begrafenis (de)	pogrzeb (m)	['pɔgʒɛp]

krans (de)	wieniec (m)	['venets]
doodskist (de)	trumna (ż)	['trumna]
lijkwagen (de)	karawan (m)	[ka'ravan]
lijkkleed (de)	całun (m)	['tsawun]

| urn (de) | urna (ż) pogrzebowa | ['urna pɔgʒɛ'bɔva] |
| crematorium (het) | krematorium (m) | [krɛma'tɔrʰjum] |

overlijdensbericht (het)	nekrolog (m)	[nɛk'rɔlɔk]
huilen (wenen)	płakać	['pwakatʃ]
snikken (huilen)	szlochać	['ʃlɔhatʃ]

111. Oorlog. Soldaten

peloton (het)	pluton (m)	['plytɔn]
compagnie (de)	rota (ż)	['rɔta]
regiment (het)	pułk (m)	[puwk]
leger (armee)	armia (ż)	['armʰja]
divisie (de)	dywizja (ż)	[di'vizʰja]
sectie (de)	oddział (m)	['ɔddʑaw]

troep (de)	wojsko (n)	['vɔjskɔ]
soldaat (militair)	żołnierz (m)	['ʒɔwneʃ]
officier (de)	oficer (m)	[ɔ'fitsɛr]
soldaat (rang)	szeregowy (m)	[ʃɛrɛ'gɔvi]
sergeant (de)	sierżant (m)	['ɕerʒant]
luitenant (de)	podporucznik (m)	[pɔtpɔ'rutʃnik]
kapitein (de)	kapitan (m)	[ka'pitan]
majoor (de)	major (m)	['majɔr]
kolonel (de)	pułkownik (m)	[puw'kɔvnik]
generaal (de)	generał (m)	[gɛ'nɛraw]
matroos (de)	marynarz (m)	[ma'rinaʃ]
kapitein (de)	kapitan (m)	[ka'pitan]
bootsman (de)	bosman (m)	['bɔsman]
artillerist (de)	artylerzysta (m)	[artile'ʒista]
valschermjager (de)	desantowiec (m)	[dɛsan'tɔvets]
piloot (de)	lotnik (m)	['lɔtnik]
stuurman (de)	nawigator (m)	[navi'gatɔr]
mecanicien (de)	mechanik (m)	[mɛ'hanik]
sappeur (de)	saper (m)	['sapɛr]
parachutist (de)	spadochroniarz (m)	[spadɔh'rɔɲaʃ]
verkenner (de)	zwiadowca (m)	[zvʲa'dɔftsa]
scherpschutter (de)	snajper (m)	['snajpɛr]
patrouille (de)	patrol (m)	['patrɔʎ]
patrouilleren (ww)	patrolować	[patrɔ'lɔvatʃ]
wacht (de)	wartownik (m)	[var'tɔvnik]
krijger (de)	wojownik (m)	[vɔɜvnik]
held (de)	bohater (m)	[bɔ'hatɛr]
heldin (de)	bohaterka (z)	[bɔha'tɛrka]
patriot (de)	patriota (m)	[patrʲɔta]
verrader (de)	zdrajca (m)	['zdrajtsa]
deserteur (de)	dezerter (m)	[dɛ'zɛrtɛr]
deserteren (ww)	dezerterować	[dɛzɛrtɛ'rɔvatʃ]
huurling (de)	najemnik (m)	[na'emnik]
rekruut (de)	rekrut (m)	['rɛkrut]
vrijwilliger (de)	ochotnik (m)	[ɔ'hɔtnik]
gedode (de)	zabity (m)	[za'biti]
gewonde (de)	ranny (m)	['raɲi]
krijgsgevangene (de)	jeniec (m)	['enets]

112. Oorlog. Militaire acties. Deel 1

oorlog (de)	wojna (z)	['vɔjna]
oorlog voeren (ww)	wojować	[vɔɜvatʃ]
burgeroorlog (de)	wojna domowa (z)	['vɔjna dɔ'mɔva]
achterbaks (bw)	wiarołomnie	[vʲarɔ'wɔmne]

oorlogsverklaring (de)	wypowiedzenie (n)	[vɨpɔve'dzɛne]
verklaren (de oorlog ~)	wypowiedzieć (~ wojnę)	[vɨpɔ'vedʒetʃ 'vɔjnɛ̃]
agressie (de)	agresja (ż)	[ag'rɛsʰja]
aanvallen (binnenvallen)	napadać	[na'padatʃ]

binnenvallen (ww)	najeżdżać	[na'jezdʒˈatˈ]
invaller (de)	najeźdźca (m)	[na'eɕtsa]
veroveraar (de)	zdobywca (m)	[zdɔ'bɨftsa]

verdediging (de)	obrona (ż)	[ɔb'rɔna]
verdedigen (je land ~)	bronić	['brɔnitʃ]
zich verdedigen (ww)	bronić się	['brɔnitʃ ɕɛ̃]

vijand (de)	wróg (m)	[vruk]
tegenstander (de)	przeciwnik (m)	[pʃɛ'tʃivnik]
vijandelijk (bn)	wrogi	['vrɔgi]

| strategie (de) | strategia (ż) | [stra'tɛgja] |
| tactiek (de) | taktyka (ż) | ['taktɨka] |

order (de)	rozkaz (m)	['rɔskas]
bevel (het)	komenda (ż)	[kɔ'mɛnda]
bevelen (ww)	rozkazywać	[rɔska'zɨvatʃ]
opdracht (de)	zadanie (n)	[za'dane]
geheim (bn)	tajny	['tajnɨ]

| veldslag (de) | bitwa (ż) | ['bitfa] |
| strijd (de) | bój (m) | [buj] |

aanval (de)	atak (m)	['atak]
bestorming (de)	szturm (m)	[ʃturm]
bestormen (ww)	szturmować	[ʃtur'mɔvatʃ]
bezetting (de)	oblężenie (n)	[ɔblɛ̃'ʒɛne]

| aanval (de) | ofensywa (ż) | [ɔfɛn'sɨva] |
| in het offensief te gaan | nacierać | [na'tʃeratʃ] |

| terugtrekking (de) | odwrót (m) | ['ɔdvrut] |
| zich terugtrekken (ww) | wycofywać się | [vɨtsɔ'fɨvatʃ ɕɛ̃] |

| omsingeling (de) | okrążenie (n) | [ɔkrɔ̃'ʒɛne] |
| omsingelen (ww) | okrążyć | [ɔk'rɔ̃ʒitˈ] |

bombardement (het)	bombardowanie (n)	[bɔmbardɔ'vane]
een bom gooien	zrzucić bombę	['zʒutʃitʃ 'bɔmbɛ̃]
bombarderen (ww)	bombardować	[bɔmbar'dɔvatʃ]
ontploffing (de)	wybuch (m)	['vɨbuh]

schot (het)	strzał (m)	[stʃaw]
een schot lossen	wystrzelić	[vɨst'ʃɛlitʃ]
schieten (het)	strzelanina (ż)	[stʃɛʎa'nina]

mikken op (ww)	celować	[tsɛ'lɔvatʃ]
aanleggen (een wapen ~)	wycelować	[vɨtsɛ'lɔvatʃ]
treffen (doelwit ~)	trafić	['trafitʃ]
zinken (tot zinken brengen)	zatopić	[za'tɔpitʃ]

| kogelgat (het) | dziura (ż) | ['dʑyra] |
| zinken (gezonken zijn) | iść na dno | [iɕtʃ na dnɔ] |

front (het)	front (m)	[frɔnt]
hinterland (het)	tyły (l.mn.)	['tiwɨ]
evacuatie (de)	ewakuacja (ż)	[ɛvaku'atsʰja]
evacueren (ww)	ewakuować	[ɛvaku'ɔvatʃ]

prikkeldraad (de)	drut (m) kolczasty	[drut kɔʎt'ʃasti]
verdedigingsobstakel (het)	zapora (ż)	[za'pɔra]
wachttoren (de)	wieża (ż)	['veʒa]

hospitaal (het)	szpital (m)	['ʃpitaʎ]
verwonden (ww)	ranić	['ranitʃ]
wond (de)	rana (ż)	['rana]
gewonde (de)	ranny (m)	['raɲi]
gewond raken (ww)	zostać rannym	['zɔstatʃ 'raɲim]
ernstig (~e wond)	ciężki	['tɕenʃki]

113. Oorlog. Militaire acties. Deel 2

krijgsgevangenschap (de)	niewola (ż)	[ne'vɔʎa]
krijgsgevangen nemen	wziąć do niewoli	[vʒɔ̃ʲtʃ dɔ ne'vɔli]
krijgsgevangene zijn	być w niewoli	[bitʃ v ne'vɔli]
krijgsgevangen genomen worden	dostać się do niewoli	['dɔstatʃ ɕɛ̃ dɔ ne'vɔli]

concentratiekamp (het)	obóz (m) koncentracyjny	['ɔbus kɔntsɛntra'tsijni]
krijgsgevangene (de)	jeniec (m)	['enets]
vluchten (ww)	uciekać	[u'tʃekatʃ]

verraden (ww)	zdradzić	['zdradʑitʃ]
verrader (de)	zdrajca (m)	['zdrajtsa]
verraad (het)	zdrada (ż)	['zdrada]

| fusilleren (executeren) | rozstrzelać | [rɔst'ʃɛʎatʃ] |
| executie (de) | rozstrzelanie (n) | [rɔstʃɛ'ʎane] |

uitrusting (de)	umundurowanie (n)	[umundurɔ'vane]
schouderstuk (het)	pagon (m)	['pagɔn]
gasmasker (het)	maska (ż) przeciwgazowa	['maska pʃetʃivga'zɔva]

portofoon (de)	radiostacja (ż) przenośna	[radiɔs'tatsʰja pʃɛ'nɔɕna]
geheime code (de)	szyfr (m)	[ʃifr]
samenzwering (de)	konspiracja (ż)	[kɔnspi'ratsʰja]
wachtwoord (het)	hasło (n)	['haswɔ]

mijn (landmijn)	mina (ż)	['mina]
ondermijnen (legden mijnen)	zaminować	[zami'nɔvatʃ]
mijnenveld (het)	pole (n) minowe	['pɔle mi'nɔvɛ]

luchtalarm (het)	alarm (m) przeciwlotniczy	['aʎarm pʃetʃiflɔt'nitʃi]
alarm (het)	alarm (m)	['aʎarm]
signaal (het)	sygnał (m)	['signaw]

vuurpijl (de)	rakieta (ż) sygnalizacyjna	[ra'keta signaliza'tsijna]
staf (generale ~)	sztab (m)	[ʃtap]
verkenningstocht (de)	rekonesans (m)	[rɛkɔ'nɛsans]
toestand (de)	sytuacja (ż)	[situ'atsʰja]
rapport (het)	raport (m)	['raport]
hinderlaag (de)	zasadzka (ż)	[za'satska]
versterking (de)	posiłki (l.mn.)	[pɔ'ɕiwki]
doel (bewegend ~)	cel (m)	[tsɛʎ]
proefterrein (het)	poligon (m)	[pɔ'ligɔn]
manoeuvres (mv.)	manewry (l.mn.)	[ma'nɛvri]
paniek (de)	panika (ż)	['panika]
verwoesting (de)	ruina (ż)	[ru'ina]
verwoestingen (mv.)	zniszczenia (l.mn.)	[niʃt'ʃɛɲa]
verwoesten (ww)	niszczyć	['niʃtʃitʃ]
overleven (ww)	przeżyć	['pʃɛʒitʃ]
ontwapenen (ww)	rozbroić	[rɔzb'rɔitʃ]
behandelen (een pistool ~)	obchodzić się	[ɔp'hɔdʒitʃ ɕɛ̃]
Geeft acht!	Baczność!	['batʃnɔɕtʃ]
Op de plaats rust!	Spocznij!	['spɔtʃnij]
heldendaad (de)	czyn (m) bohaterski	[tʃin bɔha'tɛrski]
eed (de)	przysięga (ż)	[pʃi'ɕeŋa]
zweren (een eed doen)	przysięgać	[pʃi'ɕeŋatʃ]
decoratie (de)	odznaczenie (n)	[ɔdznat'ʃɛne]
onderscheiden (een ereteken geven)	nagradzać	[nag'radzatʃ]
medaille (de)	medal (m)	['mɛdaʎ]
orde (de)	order (m)	['ɔrdɛr]
overwinning (de)	zwycięstwo (n)	[zvi'tʃenstfɔ]
verlies (het)	klęska (ż)	['klenska]
wapenstilstand (de)	rozejm (m)	['rɔzɛjm]
wimpel (vaandel)	sztandar (m)	['ʃtandar]
roem (de)	chwała (ż)	['hfawa]
parade (de)	defilada (ż)	[dɛfi'ʎada]
marcheren (ww)	maszerować	[maʃɛ'rɔvatʃ]

114. Wapens

wapens (mv.)	broń (ż)	[brɔɲ]
vuurwapens (mv.)	broń (ż) palna	[brɔɲ 'paʎna]
koude wapens (mv.)	broń (ż) biała	[brɔɲ 'bʲawa]
chemische wapens (mv.)	broń (ż) chemiczna	[brɔɲ hɛ'mitʃna]
kern-, nucleair (bn)	nuklearny	[nukle'arni]
kernwapens (mv.)	broń (ż) nuklearna	[brɔɲ nukle'arna]
bom (de)	bomba (ż)	['bɔmba]
atoombom (de)	bomba atomowa (ż)	['bɔmba atɔ'mɔva]

pistool (het)	pistolet (m)	[pis'tɔlet]
geweer (het)	strzelba (ż)	['stʃɛʎba]
machinepistool (het)	automat (m)	[au'tɔmat]
machinegeweer (het)	karabin (m) maszynowy	[ka'rabin maʃi'nɔvɨ]

loop (schietbuis)	wylot (m)	['vɨlɜt]
loop (bijv. geweer met kortere ~)	lufa (ż)	['lyfa]
kaliber (het)	kaliber (m)	[ka'libɛr]

trekker (de)	spust (m)	[spust]
korrel (de)	celownik (m)	[tsɛ'lɜvnik]
magazijn (het)	magazynek (m)	[maga'zinɛk]
geweerkolf (de)	kolba (ż)	['kɔʎba]

granaat (handgranaat)	granat (m)	['granat]
explosieven (mv.)	ładunek (m) wybuchowy	[wa'dunɛk vɨbu'hɔvɨ]

kogel (de)	kula (ż)	['kuʎa]
patroon (de)	nabój (m)	['nabuj]
lading (de)	ładunek (m)	[wa'dunɛk]
ammunitie (de)	amunicja (ż)	[amu'nitsʰja]

bommenwerper (de)	bombowiec (m)	[bɔm'bɔvets]
straaljager (de)	myśliwiec (m)	[mɨɕ'livets]
helikopter (de)	helikopter (m)	[hɛli'kɔptɛr]

afweergeschut (het)	działo (n) przeciwlotnicze	['dʑʲawɔ pʃɛtʃiflɜt'nitʃɛ]
tank (de)	czołg (m)	[tʃowk]
kanon (tank met een ~ van 76 mm)	działo (n)	['dʑʲawɔ]

artillerie (de)	artyleria (ż)	[artɨ'lerʰja]
aanleggen (een wapen ~)	wycelować	[vɨtsɛ'lɜvatʃ]

projectiel (het)	pocisk (m)	['pɔtʃisk]
mortiergranaat (de)	pocisk (m) moździerzowy	['pɔtʃisk mɔzdʑi'ʒɔvɨ]
mortier (de)	moździerz (m)	['mɔʑʲdʑeʃ]
granaatscherf (de)	odłamek (m)	[ɔd'wamɛk]

duikboot (de)	łódź (ż) podwodna	[wutʃ pɔd'vɔdna]
torpedo (de)	torpeda (ż)	[tɔr'pɛda]
raket (de)	rakieta (ż)	[ra'keta]

laden (geweer, kanon)	ładować	[wa'dɔvatʃ]
schieten (ww)	strzelać	['stʃɛʎatʃ]
richten op (mikken)	celować	[tsɛ'lɜvatʃ]
bajonet (de)	bagnet (m)	['bagnɛt]

degen (de)	szpada (ż)	['ʃpada]
sabel (de)	szabla (ż)	['ʃabʎa]
speer (de)	kopia (ż), włócznia (ż)	['kɔpʰja], ['vwɔtʃɲa]
boog (de)	łuk (m)	[wuk]
pijl (de)	strzała (ż)	['stʃawa]
musket (de)	muszkiet (m)	['muʃket]
kruisboog (de)	kusza (ż)	['kuʃa]

115. Oude mensen

primitief (bn)	pierwotny	[per'vɔtnɨ]
voorhistorisch (bn)	prehistoryczny	[prɛhistɔ'ritʃnɨ]
eeuwenoude (~ beschaving)	dawny	['davnɨ]
Steentijd (de)	Epoka (ż) kamienna	[ɛ'pɔka ka'mɛɲa]
Bronstijd (de)	Epoka (ż) brązu	[ɛ'pɔka 'brɔ̃zu]
IJstijd (de)	Epoka (ż) lodowcowa	[ɛ'pɔka lɔdɔf'tsɔva]
stam (de)	plemię (n)	['plemɛ̃]
menseneter (de)	kanibal (m)	[ka'nibaʎ]
jager (de)	myśliwy (m)	[miɕ'livɨ]
jagen (ww)	polować	[pɔ'lɔvatʃ]
mammoet (de)	mamut (m)	['mamut]
grot (de)	jaskinia (ż)	[jas'kiɲa]
vuur (het)	ogień (m)	['ɔgeɲ]
kampvuur (het)	ognisko (n)	[ɔg'niskɔ]
rotstekening (de)	malowidło (n) naskalne	[malɜ'vidwɔ nas'kaʎnɛ]
werkinstrument (het)	narzędzie (n) pracy	[na'ʒɛ̃dʒe 'pratsɨ]
speer (de)	kopia (ż), włócznia (ż)	['kɔpʰja], ['vwɔtʃɲa]
stenen bijl (de)	topór (m) kamienny	['tɔpur ka'meɲɨ]
oorlog voeren (ww)	wojować	[vɔɜvatʃ]
temmen (bijv. wolf ~)	oswajać zwierzęta	[ɔs'fajatʃ zve'ʒɛnta]
idool (het)	bożek (m)	['bɔʒɛk]
aanbidden (ww)	czcić	[tʃtʃitʃ]
bijgeloof (het)	przesąd (m)	['pʃɛsɔ̃t]
ritueel (het)	obrzęd (m)	['ɔbʒɛ̃t]
evolutie (de)	ewolucja (ż)	[ɛvɔ'lɨtsʰja]
ontwikkeling (de)	rozwój (m)	['rɔzvuj]
verdwijning (de)	zniknięcie (n)	[znik'nɛ̃tʃe]
zich aanpassen (ww)	adaptować się	[adap'tɔvatʃ ɕɛ̃]
archeologie (de)	archeologia (ż)	[arhɛɔ'lɜgʰja]
archeoloog (de)	archeolog (m)	[arhɛ'ɔlɜk]
archeologisch (bn)	archeologiczny	[arhɛɔlɜ'gitʃnɨ]
opgravingsplaats (de)	wykopaliska (l.mn.)	[vɨkɔpa'liska]
opgravingen (mv.)	prace (l.mn.) wykopaliskowe	['pratsɛ vɨkɔpalis'kɔvɛ]
vondst (de)	znalezisko (n)	[znale'ʒiskɔ]
fragment (het)	fragment (m)	['fragmɛnt]

116. Middeleeuwen

volk (het)	naród (m)	['narut]
volkeren (mv.)	narody (l.mn.)	[na'rɔdɨ]
stam (de)	plemię (n)	['plemɛ̃]
stammen (mv.)	plemiona (l.mn.)	[ple'mɜna]
barbaren (mv.)	Barbarzyńcy (l.mn.)	[barba'ʒɨɲtsɨ]

Galliërs (mv.)	Gallowie (l.mn.)	[gal'lɜve]
Goten (mv.)	Goci (l.mn.)	['gotʃi]
Slaven (mv.)	Słowianie (l.mn.)	[swɔ'vʲane]
Vikings (mv.)	Wikingowie (l.mn.)	[viki'ŋɔve]

| Romeinen (mv.) | Rzymianie (l.mn.) | [ʒi'mʲane] |
| Romeins (bn) | rzymski | ['ʒimski] |

Byzantijnen (mv.)	Bizantyjczycy (l.mn.)	[bizantijt'ʃitsi]
Byzantium (het)	Bizancjum (n)	[bi'zantsʰjum]
Byzantijns (bn)	bizantyjski	[bizan'tijski]

keizer (bijv. Romeinse ~)	cesarz (m)	['tsɛsaʃ]
opperhoofd (het)	wódz (m)	[vuts]
machtig (bn)	potężny	[pɔ'tɛnʒni]
koning (de)	król (m)	[kruʎ]
heerser (de)	władca (m)	['vwattsa]

ridder (de)	rycerz (m)	['ritsɛʃ]
feodaal (de)	feudał (m)	[fɛ'udaw]
feodaal (bn)	feudalny	[fɛu'daʎni]
vazal (de)	wasal (m)	['vasaʎ]

hertog (de)	książę (m)	[kɕɔ̃ʒɛ̃]
graaf (de)	hrabia (m)	['hrabʲa]
baron (de)	baron (m)	['barɔn]
bisschop (de)	biskup (m)	['biskup]

harnas (het)	zbroja (ż)	['zbrɔja]
schild (het)	tarcza (ż)	['tartʃa]
zwaard (het)	miecz (m)	[metʃ]
vizier (het)	przyłbica (ż)	[pʃiw'bitsa]
maliënkolder (de)	kolczuga (ż)	[kɔʎt'ʃuga]

| kruistocht (de) | wyprawa (ż) krzyżowa | [vip'rava kʃi'ʒɔva] |
| kruisvaarder (de) | krzyżak (m) | ['kʃiʒak] |

gebied (bijv. bezette ~en)	terytorium (n)	[tɛri'tɔrʰjum]
aanvallen (binnenvallen)	napadać	[na'padatʃ]
veroveren (ww)	zawojować	[zavɔʒvatʃ]
innemen (binnenvallen)	zająć	['zaɔ̃tʃ]

bezetting (de)	oblężenie (n)	[ɔblɛ̃'ʒɛne]
bezet (bn)	oblężony	[ɔblɛ̃'ʒɔni]
belegeren (ww)	oblegać	[ɔb'legatʃ]

inquisitie (de)	inkwizycja (ż)	[iŋkfi'zitsʰja]
inquisiteur (de)	inkwizytor (m)	[iŋkfi'zitɔr]
foltering (de)	tortury (l.mn.)	[tɔr'turi]
wreed (bn)	okrutny	[ɔk'rutni]
ketter (de)	heretyk (m)	[hɛ'rɛtik]
ketterij (de)	herezja (ż)	[hɛ'rɛzʰja]

zeevaart (de)	nawigacja (ż)	[navi'gatsʰja]
piraat (de)	pirat (m)	['pirat]
piraterij (de)	piractwo (n)	[pi'ratstfɔ]

enteren (het)	abordaż (m)	[a'bɔrdaʃ]
buit (de)	łup (m)	[wup]
schatten (mv.)	skarby (l.mn.)	['skarbɨ]

ontdekking (de)	odkrycie (n)	[ɔtk'rɨtʃe]
ontdekken (bijv. nieuw land)	odkryć	['ɔtkrɨtʃ]
expeditie (de)	ekspedycja (ż)	[ɛkspɛ'dɨtsʰja]

musketier (de)	muszkieter (m)	[muʃ'ketɛr]
kardinaal (de)	kardynał (m)	[kar'dɨnaw]
heraldiek (de)	heraldyka (ż)	[hɛ'raʎdɨka]
heraldisch (bn)	heraldyczny	[hɛraʎ'dɨtʃnɨ]

117. Leider. Baas. Autoriteiten

koning (de)	król (m)	[kruʎ]
koningin (de)	królowa (ż)	[kru'lɔva]
koninklijk (bn)	królewski	[kru'lefski]
koninkrijk (het)	królestwo (n)	[kru'lestfɔ]

| prins (de) | książę (m) | [kɕɔ̃ʒɛ̃] |
| prinses (de) | księżniczka (ż) | [kɕɛ̃ʒ'nitʃka] |

president (de)	prezydent (m)	[prɛ'zɨdɛnt]
vicepresident (de)	wiceprezydent (m)	[vitsɛprɛ'zɨdɛnt]
senator (de)	senator (m)	[sɛ'natɔr]

monarch (de)	monarcha (m)	[mɔ'narha]
heerser (de)	władca (m)	['vwattsa]
dictator (de)	dyktator (m)	[dɨk'tatɔr]
tiran (de)	tyran (m)	['tɨran]
magnaat (de)	magnat (m)	['magnat]

directeur (de)	dyrektor (m)	[dɨ'rɛktɔr]
chef (de)	szef (m)	[ʃɛf]
beheerder (de)	kierownik (m)	[ke'rɔvnik]
baas (de)	szef (m)	[ʃɛf]
eigenaar (de)	właściciel (m)	[vwaɕ'tɕitʃeʎ]

hoofd (bijv. ~ van de delegatie)	głowa (ż)	['gwɔva]
autoriteiten (mv.)	władze (l.mn.)	['vwadzɛ]
superieuren (mv.)	kierownictwo (n)	[kerɔv'nitstfɔ]

gouverneur (de)	gubernator (m)	[gubɛr'natɔr]
consul (de)	konsul (m)	['kɔnsuʎ]
diplomaat (de)	dyplomata (m)	[dɨplɔ'mata]
burgemeester (de)	mer (m)	[mɛr]
sheriff (de)	szeryf (m)	['ʃɛrɨf]

keizer (bijv. Romeinse ~)	cesarz (m)	['tsɛsaʃ]
tsaar (de)	car (m)	[tsar]
farao (de)	faraon (m)	[fa'raɔn]
kan (de)	chan (m)	[han]

118. De wet overtreden. Criminelen. Deel 1

Nederlands	Pools	Uitspraak
bandiet (de)	bandyta (m)	[ban'dita]
misdaad (de)	przestępstwo (n)	[pʃɛs'tɛ̃pstfɔ]
misdadiger (de)	przestępca (m)	[pʃɛs'tɛ̃ptsa]
dief (de)	złodziej (m)	['zwɔdʑej]
stelen (ww)	kraść	[kraɕtʃ]
stelen (de)	złodziejstwo (n)	[zwɔ'dʑejstfɔ]
diefstal (de)	kradzież (ż)	['kradʑeʃ]
kidnappen (ww)	porwać	['pɔrvatʃ]
kidnapping (de)	porwanie (n)	[pɔr'vane]
kidnapper (de)	porywacz (m)	[pɔ'rivatʃ]
losgeld (het)	okup (m)	['ɔkup]
eisen losgeld (ww)	żądać okupu	['ʒɔ̃datʃ ɔ'kupu]
overvallen (ww)	rabować	[ra'bovatʃ]
overvaller (de)	rabuś (m)	['rabuɕ]
afpersen (ww)	wymuszać	[vɨ'muʃatʃ]
afperser (de)	szantażysta (m)	[ʃanta'ʒista]
afpersing (de)	wymuszanie (n)	[vɨmu'ʃane]
vermoorden (ww)	zabić	['zabitʃ]
moord (de)	zabójstwo (n)	[za'bujstfɔ]
moordenaar (de)	zabójca (m)	[za'bujtsa]
schot (het)	strzał (m)	[stʃaw]
een schot lossen	wystrzelić	[vist'ʃɛlitʃ]
neerschieten (ww)	zastrzelić	[zast'ʃɛlitʃ]
schieten (ww)	strzelać	['stʃɛʎatʃ]
schieten (het)	strzelanina (ż)	[stʃɛʎa'nina]
ongeluk (gevecht, enz.)	wypadek (m)	[vɨ'padɛk]
gevecht (het)	bójka (ż)	['bujka]
slachtoffer (het)	ofiara (ż)	[ɔ'fʲara]
beschadigen (ww)	uszkodzić	[uʃ'kɔdʑitʃ]
schade (de)	uszczerbek (m)	[uʃt'ʃɛrbɛk]
lijk (het)	zwłoki (l.mn.)	['zvwɔki]
zwaar (~ misdrijf)	ciężki	['tʃenʃki]
aanvallen (ww)	napaść	['napaɕtʃ]
slaan (iemand ~)	bić	[bitʃ]
in elkaar slaan (toetakelen)	pobić	['pɔbitʃ]
ontnemen (beroven)	zabrać	['zabratʃ]
steken (met een mes)	zadźgać	['zʲadzgatʃ]
verminken (ww)	okaleczyć	[ɔka'letʃitʃ]
verwonden (ww)	zranić	['zranitʃ]
chantage (de)	szantaż (m)	['ʃantaʃ]
chanteren (ww)	szantażować	[ʃanta'ʒovatʃ]
chanteur (de)	szantażysta (m)	[ʃanta'ʒista]

afpersing (de)	wymuszania (l.mn.)	[vimu'ʃaɲa]
afperser (de)	kanciarz (m)	['kantʃaʃ]
gangster (de)	gangster (m)	['gaŋstɛr]
maffia (de)	mafia (ż)	['mafʰja]
kruimeldief (de)	kieszonkowiec (m)	[keʃɔ'ŋkɔvets]
inbreker (de)	włamywacz (m)	[vwa'mivatʃ]
smokkelen (het)	przemyt (m)	['pʃɛmit]
smokkelaar (de)	przemytnik (m)	[pʃɛ'mitnik]
namaak (de)	falsyfikat (m)	[faʌsi'fikat]
namaken (ww)	podrabiać	[pɔd'rabʲatʃ]
namaak-, vals (bn)	fałszywy	[faw'ʃivi]

119. De wet overtreden. Criminelen. Deel 2

verkrachting (de)	gwałt (m)	[gvawt]
verkrachten (ww)	zgwałcić	['gvawtʃitʃ]
verkrachter (de)	gwałciciel (m)	[gvaw'tʃitʃeʌ]
maniak (de)	maniak (m)	['maɲjak]
prostituee (de)	prostytutka (ż)	[prɔsti'tutka]
prostitutie (de)	prostytucja (ż)	[prɔsti'tutsʰja]
pooier (de)	sutener (m)	[su'tɛnɛr]
drugsverslaafde (de)	narkoman (m)	[nar'kɔman]
drugshandelaar (de)	handlarz narkotyków (m)	['handʌaʒ narkɔ'tikuf]
opblazen (ww)	wysadzić w powietrze	[vi'sadʒitʃ f pɔ'vetʃɛ]
explosie (de)	wybuch (m)	['vibuh]
in brand steken (ww)	podpalić	[pɔt'palitʃ]
brandstichter (de)	podpalacz (m)	[pɔt'paʌatʃ]
terrorisme (het)	terroryzm (m)	[tɛ'rɔrizm]
terrorist (de)	terrorysta (m)	[tɛrɔ'rista]
gijzelaar (de)	zakładnik (m)	[zak'wadnik]
bedriegen (ww)	oszukać	[ɔ'ʃukatʃ]
bedrog (het)	oszustwo (n)	[ɔ'ʃustfɔ]
oplichter (de)	oszust (m)	['ɔʃust]
omkopen (ww)	przekupić	[pʃɛ'kupitʃ]
omkoperij (de)	przekupstwo (n)	[pʃɛ'kupstfɔ]
smeergeld (het)	łapówka (ż)	[wa'pufka]
vergif (het)	trucizna (ż)	[tru'tʃizna]
vergiftigen (ww)	otruć	['ɔtrutʃ]
vergif innemen (ww)	otruć się	['ɔtrutʃ ɕɛ̃]
zelfmoord (de)	samobójstwo (ż)	[samɔ'bujstfɔ]
zelfmoordenaar (de)	samobójca (m)	[samɔ'bujtsa]
bedreigen (bijv. met een pistool)	grozić	['grɔʒitʃ]

bedreiging (de)	groźba (z)	['grɔʑba]
een aanslag plegen	targnąć się	['targnɔ̃tɕ ɕɛ̃]
aanslag (de)	zamach (m)	['zamah]
stelen (een auto)	ukraść	['ukraɕtɕ]
kapen (een vliegtuig)	porwać	['pɔrvatɕ]
wraak (de)	zemsta (z)	['zɛmsta]
wreken (ww)	mścić się	[mɕtɕitɕ ɕɛ̃]
martelen (gevangenen)	torturować	[tɔrtu'rɔvatɕ]
foltering (de)	tortury (l.mn.)	[tɔr'turi]
folteren (ww)	znęcać się	['znɛntsatɕ ɕɛ̃]
piraat (de)	pirat (m)	['pirat]
straatschender (de)	chuligan (m)	[hu'ligan]
gewapend (bn)	uzbrojony	[uzbrɔɔnɨ]
geweld (het)	przemoc (z)	['pʃɛmɔts]
spionage (de)	szpiegostwo (n)	[ʃpe'gɔstfɔ]
spioneren (ww)	szpiegować	[ʃpe'gɔvatɕ]

120. Politie. Wet. Deel 1

gerecht (het)	sprawiedliwość (z)	[spraved'livɔɕtɕ]
gerechtshof (het)	sąd (m)	[sɔ̃t]
rechter (de)	sędzia (m)	['sɛdʑʲa]
jury (de)	przysięgli (l.mn.)	[pʃi'ɕeŋli]
juryrechtspraak (de)	sąd (m) przysięgłych	[sɔ̃t pʃi'ɕeŋwɨh]
berechten (ww)	sądzić	['sɔ̃ʲdʑitɕ]
advocaat (de)	adwokat (m)	[ad'vɔkat]
beklaagde (de)	oskarżony (m)	[ɔskar'ʒɔnɨ]
beklaagdenbank (de)	ława (z) oskarżonych	['wava ɔskar'ʒɔnɨh]
beschuldiging (de)	oskarżenie (n)	[ɔskar'ʒɛne]
beschuldigde (de)	oskarżony (m)	[ɔskar'ʒɔnɨ]
vonnis (het)	wyrok (m)	['vɨrɔk]
veroordelen (in een rechtszaak)	skazać	['skazatɕ]
schuldige (de)	sprawca (m), winny (m)	['spraftsa], ['viɲi]
straffen (ww)	ukarać	[u'karatɕ]
bestraffing (de)	kara (z)	['kara]
boete (de)	kara (z)	['kara]
levenslange opsluiting (de)	dożywocie (n)	[dɔʑi'vɔtɕe]
doodstraf (de)	kara śmierci (z)	['kara 'ɕmertɕi]
elektrische stoel (de)	krzesło (n) elektryczne	['kʃɛswɔ ɛlekt'rɨtʃnɛ]
schavot (het)	szubienica (z)	[ʃube'nitsa]
executeren (ww)	stracić	['stratɕitɕ]
executie (de)	egzekucja (z)	[ɛgzɛ'kutsʰja]

gevangenis (de)	więzienie (n)	[vɛ̃'ʒene]
cel (de)	cela (ż)	['tsɛʎa]

konvooi (het)	konwój (m)	['kɔnvuj]
gevangenisbewaker (de)	nadzorca (m)	[na'dzɔrtsa]
gedetineerde (de)	więzień (m)	['vɛɲʒɛ̃]

handboeien (mv.)	kajdanki (l.mn.)	[kaj'daŋki]
handboeien omdoen	założyć kajdanki	[za'wɔʒitʃ kaj'daŋki]

ontsnapping (de)	ucieczka (ż)	[u'tʃetʃka]
ontsnappen (ww)	uciec	['utʃets]
verdwijnen (ww)	zniknąć	['zniknɔ̃tʃ]
vrijlaten (uit de gevangenis)	zwolnić	['zvɔʎnitʃ]
amnestie (de)	amnestia (ż)	[am'nɛstʰja]

politie (de)	policja (ż)	[pɔ'litsʰja]
politieagent (de)	policjant (m)	[pɔ'litsʰjant]
politiebureau (het)	komenda (ż)	[kɔ'mɛnda]
knuppel (de)	pałka (ż) gumowa	['pawka gu'mɔva]
megafoon (de)	głośnik (m)	['gwɔɕnik]

patrouilleerwagen (de)	samochód (m) patrolowy	[sa'mɔhut patrɔ'lɔvɨ]
sirene (de)	syrena (ż)	[sɨ'rɛna]
de sirene aansteken	włączyć syrenę	['vwɔ̃tʃitʃ sɨ'rɛnɛ̃]
geloei (het) van de sirene	wycie (n) syreny	['vɨtʃe sɨ'rɛnɨ]

plaats delict (de)	miejsce (n) zdarzenia	['mejstsɛ zda'ʒɛɲa]
getuige (de)	świadek (m)	['ɕfʲadɛk]
vrijheid (de)	wolność (ż)	['vɔʎnɔɕtʃ]
handlanger (de)	współsprawca (m)	[fspuwsp'raftsa]
ontvluchten (ww)	ukryć się	['ukritʃ ɕɛ̃]
spoor (het)	ślad (m)	[ɕʎat]

121. Politie. Wet. Deel 2

opsporing (de)	poszukiwania (l.mn.)	[pɔʃuki'vaɲa]
opsporen (ww)	poszukiwać	[pɔʃu'kivatʃ]
verdenking (de)	podejrzenie (n)	[pɔdɛj'ʒene]
verdacht (bn)	podejrzany	[pɔdɛj'ʒanɨ]
aanhouden (stoppen)	zatrzymać	[zat'ʃɨmatʃ]
tegenhouden (ww)	zatrzymać	[zat'ʃɨmatʃ]

strafzaak (de)	sprawa (ż)	['sprava]
onderzoek (het)	śledztwo (n)	['ɕletstfɔ]
detective (de)	detektyw (m)	[dɛ'tɛktɨv]
onderzoeksrechter (de)	śledczy (m)	['ɕlettʃɨ]
versie (de)	wersja (ż)	['vɛrsʰja]

motief (het)	motyw (m)	['mɔtɨf]
verhoor (het)	przesłuchanie (n)	[pʃɛswu'hane]
ondervragen (door de politie)	przesłuchiwać	[pʃɛswu'hivatʃ]
ondervragen (omstanders ~)	przesłuchiwać	[pʃɛswu'hivatʃ]
controle (de)	kontrola (ż)	[kɔnt'rɔʎa]

razzia (de)	obława (ż)	[ɔb'wava]
huiszoeking (de)	rewizja (ż)	[rɛ'vizʰja]
achtervolging (de)	pogoń (ż)	['pɔgɔŋ]
achtervolgen (ww)	ścigać	['ɕtʃigatʃ]
opsporen (ww)	śledzić	['ɕledʑitʃ]

arrest (het)	areszt (m)	['arɛʃt]
arresteren (ww)	aresztować	[arɛʃ'tɔvatʃ]
vangen, aanhouden (een dief, enz.)	złapać	['zwapatʃ]
aanhouding (de)	pojmanie (n)	[pɔj'manie]

document (het)	dokument (m)	[dɔ'kumɛnt]
bewijs (het)	dowód (m)	['dɔvut]
bewijzen (ww)	udowadniać	[udɔ'vadɲatʃ]
voetspoor (het)	ślad (m)	[ɕʎat]
vingerafdrukken (mv.)	odciski (l.mn.) palców	[ɔ'tʃiski 'paʎtsuf]
bewijs (het)	poszlaka (ż)	[pɔʃ'ʎaka]

alibi (het)	alibi (n)	[a'libi]
onschuldig (bn)	niewinny	[ne'viɲi]
onrecht (het)	niesprawiedliwość (ż)	[nespraved'livɔɕtʃ]
onrechtvaardig (bn)	niesprawiedliwy	[nespraved'livi]

crimineel (bn)	kryminalny	[krimi'naʎni]
confisqueren (in beslag nemen)	konfiskować	[kɔnfis'kɔvatʃ]
drug (de)	narkotyk (m)	[nar'kɔtik]
wapen (het)	broń (ż)	[brɔɲ]
ontwapenen (ww)	rozbroić	[rɔzb'rɔitʃ]
bevelen (ww)	rozkazywać	[rɔska'zivatʃ]
verdwijnen (ww)	zniknąć	['zniknɔ̃tʃ]

wet (de)	prawo (n)	['pravɔ]
wettelijk (bn)	legalny	[le'gaʎni]
onwettelijk (bn)	nielegalny	[nele'gaʎni]

| verantwoordelijkheid (de) | odpowiedzialność (ż) | [ɔtpɔve'dʑʲaʎnɔɕtʃ] |
| verantwoordelijk (bn) | odpowiedzialny | [ɔtpɔve'dʑʲaʎni] |

NATUUR

De Aarde. Deel 1

122. De kosmische ruimte

kosmos (de)	kosmos (m)	['kɔsmɔs]
kosmisch (bn)	kosmiczny	[kɔs'mitʃnɨ]
kosmische ruimte (de)	przestrzeń (ż) kosmiczna	['pʃɛstʃɛɲ kɔs'mitʃna]
wereld (de)	świat (m)	[ɕfʲat]
heelal (het)	wszechświat (m)	['fʃɛhɕfʲat]
sterrenstelsel (het)	galaktyka (ż)	[ga'ʎaktɨka]

ster (de)	gwiazda (ż)	['gvʲazda]
sterrenbeeld (het)	gwiazdozbiór (m)	[gvʲaz'dɔzbyr]
planeet (de)	planeta (ż)	[pʎa'nɛta]
satelliet (de)	satelita (m)	[satɛ'lita]

meteoriet (de)	meteoryt (m)	[mɛtɛ'ɔrɨt]
komeet (de)	kometa (ż)	[kɔ'mɛta]
asteroïde (de)	asteroida (ż)	[astɛrɔ'ida]

baan (de)	orbita (ż)	[ɔr'bita]
draaien (om de zon, enz.)	obracać się	[ɔb'ratsatʃ ɕɛ̃]
atmosfeer (de)	atmosfera (ż)	[atmɔs'fɛra]

Zon (de)	Słońce (n)	['swɔɲtsɛ]
zonnestelsel (het)	Układ (m) Słoneczny	['ukwad swɔ'nɛtʃnɨ]
zonsverduistering (de)	zaćmienie (n) słońca	[zatʃ'mene 'swɔɲtsa]

Aarde (de)	Ziemia (ż)	['ʒemʲa]
Maan (de)	Księżyc (m)	['kɕɛnʒɨts]

Mars (de)	Mars (m)	[mars]
Venus (de)	Wenus (ż)	['vɛnus]
Jupiter (de)	Jowisz (m)	[ɜviʃ]
Saturnus (de)	Saturn (m)	['saturn]

Mercurius (de)	Merkury (m)	[mɛr'kurɨ]
Uranus (de)	Uran (m)	['uran]
Neptunus (de)	Neptun (m)	['nɛptun]
Pluto (de)	Pluton (m)	['plytɔn]

Melkweg (de)	Droga (ż) Mleczna	['drɔga 'mletʃna]
Grote Beer (de)	Wielki Wóz (m)	['veʎki vus]
Poolster (de)	Gwiazda (ż) Polarna	['gvʲazda pɔ'ʎarna]

marsmannetje (het)	Marsjanin (m)	[marsʰʲjanin]
buitenaards wezen (het)	kosmita (m)	[kɔs'mita]

bovenaards (het)	obcy (m)	['ɔbtsi]
vliegende schotel (de)	talerz (m) latający	['taleʃ ʎataɔ̃tsi]

ruimtevaartuig (het)	statek (m) kosmiczny	['statɛk kɔs'mitʃni]
ruimtestation (het)	stacja (ż) kosmiczna	['statsʰja kɔs'mitʃna]
start (de)	start (m)	[start]

motor (de)	silnik (m)	['ɕiʎnik]
straalpijp (de)	dysza (ż)	['diʃa]
brandstof (de)	paliwo (n)	[pa'livɔ]

cabine (de)	kabina (ż)	[ka'bina]
antenne (de)	antena (ż)	[an'tɛna]
patrijspoort (de)	iluminator (m)	[ilymi'natɔr]
zonnebatterij (de)	bateria (ż) słoneczna	[ba'tɛrʰja swɔ'nɛtʃna]
ruimtepak (het)	skafander (m)	[ska'fandɛr]

gewichtloosheid (de)	nieważkość (ż)	[ne'vaʃkɔɕtʃ]
zuurstof (de)	tlen (m)	[tlen]

koppeling (de)	połączenie (n)	[pɔwɔ̃t'ʃɛne]
koppeling maken	łączyć się	['wɔ̃tʃitʃ ɕɛ̃]

observatorium (het)	obserwatorium (n)	[ɔbsɛrva'tɔrʰjum]
telescoop (de)	teleskop (m)	[tɛ'leskɔp]
waarnemen (ww)	obserwować	[ɔbsɛr'vɔvatʃ]
exploreren (ww)	badać	['badatʃ]

123. De Aarde

Aarde (de)	Ziemia (ż)	['ʒemʲa]
aardbol (de)	kula (ż) ziemska	['kuʎa 'ʒemska]
planeet (de)	planeta (ż)	[pʎa'nɛta]

atmosfeer (de)	atmosfera (ż)	[atmɔs'fɛra]
aardrijkskunde (de)	geografia (ż)	[gɛɔg'rafʰja]
natuur (de)	przyroda (ż)	[pʃi'rɔda]

wereldbol (de)	globus (m)	['glɔbus]
kaart (de)	mapa (ż)	['mapa]
atlas (de)	atlas (m)	['atʎas]

Europa (het)	Europa (ż)	[ɛu'rɔpa]
Azië (het)	Azja (ż)	['azʰja]

Afrika (het)	Afryka (ż)	['afrika]
Australië (het)	Australia (ż)	[aust'raʎja]

Amerika (het)	Ameryka (ż)	[a'mɛrika]
Noord-Amerika (het)	Ameryka (ż) Północna	[a'mɛrika puw'nɔtsna]
Zuid-Amerika (het)	Ameryka (ż) Południowa	[a'mɛrika pɔwud'nɔva]

Antarctica (het)	Antarktyda (ż)	[antark'tida]
Arctis (de)	Arktyka (ż)	['arktika]

124. Windrichtingen

noorden (het)	północ (z)	['puwnɔts]
naar het noorden	na północ	[na 'puwnɔts]
in het noorden	na północy	[na puw'nɔtsi]
noordelijk (bn)	północny	[puw'nɔtsni]
zuiden (het)	południe (n)	[pɔ'wudne]
naar het zuiden	na południe	[na pɔ'wudne]
in het zuiden	na południu	[na pɔ'wudny]
zuidelijk (bn)	południowy	[pɔwud'nɔvi]
westen (het)	zachód (m)	['zahut]
naar het westen	na zachód	[na 'zahut]
in het westen	na zachodzie	[na za'hɔdʒe]
westelijk (bn)	zachodni	[za'hɔdni]
oosten (het)	wschód (m)	[fshut]
naar het oosten	na wschód	['na fshut]
in het oosten	na wschodzie	[na 'fshɔdʒe]
oostelijk (bn)	wschodni	['fshɔdni]

125. Zee. Oceaan

zee (de)	morze (n)	['mɔʒɛ]
oceaan (de)	ocean (m)	[ɔ'tsɛan]
golf (baai)	zatoka (ż)	[za'tɔka]
straat (de)	cieśnina (z)	[tɕeɕ'nina]
grond (vaste grond)	ląd (m)	[lɔ̃t]
continent (het)	kontynent (m)	[kɔn'tinɛnt]
eiland (het)	wyspa (z)	['vispa]
schiereiland (het)	półwysep (m)	[puw'visɛp]
archipel (de)	archipelag (m)	[arhi'pɛʎak]
baai, bocht (de)	zatoka (z)	[za'tɔka]
haven (de)	port (m)	[pɔrt]
lagune (de)	laguna (z)	[ʎa'guna]
kaap (de)	przylądek (m)	[pʃilɔ̃dɛk]
atol (de)	atol (m)	['atɔʎ]
rif (het)	rafa (z)	['rafa]
koraal (het)	koral (m)	['kɔral]
koraalrif (het)	rafa (z) koralowa	['rafa kɔra'lɔva]
diep (bn)	głęboki	[gwɛ̃'bɔki]
diepte (de)	głębokość (z)	[gwɛ̃'bɔkɔɕtʃ]
diepzee (de)	otchłań (z)	['ɔthwaɲ]
trog (bijv. Marianentrog)	rów (m)	[ruf]
stroming (de)	prąd (m)	[prɔ̃t]
omspoelen (ww)	omywać	[ɔ'mivatʃ]
oever (de)	brzeg (m)	[bʒɛk]

kust (de)	wybrzeże (n)	[vɨb'ʒɛʒe]
vloed (de)	przypływ (m)	['pʂɨpwɨf]
eb (de)	odpływ (m)	['ɔtpwɨf]
ondiepte (ondiep water)	mielizna (ż)	[me'lizna]
bodem (de)	dno (n)	[dnɔ]

golf (hoge ~)	fala (ż)	['faʎa]
golfkam (de)	grzywa (ż) fali	['gʒɨva 'fali]
schuim (het)	piana (ż)	['pʲana]

orkaan (de)	huragan (m)	[hu'ragan]
tsunami (de)	tsunami (n)	[tsu'nami]
windstilte (de)	cisza (ż) morska	['tʂiʂa 'mɔrska]
kalm (bijv. ~e zee)	spokojny	[spɔ'kɔjnɨ]

pool (de)	biegun (m)	['begun]
polair (bn)	polarny	[pɔ'ʎarnɨ]

breedtegraad (de)	szerokość (ż)	[ʃɛ'rɔkɔɕtʃ]
lengtegraad (de)	długość (ż)	['dwugɔɕtʃ]
parallel (de)	równoleżnik (m)	[ruvnɔ'leʒnik]
evenaar (de)	równik (m)	['ruvnik]

hemel (de)	niebo (n)	['nebɔ]
horizon (de)	horyzont (m)	[hɔ'rizɔnt]
lucht (de)	powietrze (n)	[pɔ'vetʃɛ]

vuurtoren (de)	latarnia (ż) morska	[ʎa'tarɲa 'mɔrska]
duiken (ww)	nurkować	[nur'kɔvatʃ]
zinken (ov. een boot)	zatonąć	[za'tɔɔɲtʃ]
schatten (mv.)	skarby (l.mn.)	['skarbɨ]

126. Namen van zeeën en oceanen

Atlantische Oceaan (de)	Ocean (m) Atlantycki	[ɔ'tsɛan atlan'titskii]
Indische Oceaan (de)	Ocean (m) Indyjski	[ɔ'tsɛan in'dijski]
Stille Oceaan (de)	Ocean (m) Spokojny	[ɔ'tsɛan spɔ'kɔjnɨ]
Noordelijke IJszee (de)	Ocean (m) Lodowaty Północny	[ɔ'tsɛan lɔdɔ'vatɨ puw'nɔtsnɨ]

Zwarte Zee (de)	Morze (n) Czarne	['mɔʒɛ 'tʃarnɛ]
Rode Zee (de)	Morze (n) Czerwone	['mɔʒɛ tʃɛr'vɔnɛ]
Gele Zee (de)	Morze (n) Żółte	['mɔʒɛ 'ʒuwtɛ]
Witte Zee (de)	Morze (n) Białe	['mɔʒɛ 'bʲawɛ]

Kaspische Zee (de)	Morze (n) Kaspijskie	['mɔʒɛ kas'pijske]
Dode Zee (de)	Morze (n) Martwe	['mɔʒɛ 'martfɛ]
Middellandse Zee (de)	Morze (n) Śródziemne	['mɔʒɛ ɕry'dʒemnɛ]

Egeïsche Zee (de)	Morze (n) Egejskie	['mɔʒɛ ɛ'gejske]
Adriatische Zee (de)	Morze (n) Adriatyckie	['mɔʒɛ adrʲa'titske]

Arabische Zee (de)	Morze (n) Arabskie	['mɔʒɛ a'rabske]
Japanse Zee (de)	Morze (n) Japońskie	['mɔʒɛ ja'pɔɲske]

| Beringzee (de) | Morze (n) Beringa | ['mɔʒɛ bɛ'riŋa] |
| Zuid-Chinese Zee (de) | Morze (n) Południowochińskie | ['mɔʒɛ pɔwud'nɔvɔ 'hiɲske] |

Koraalzee (de)	Morze (n) Koralowe	['mɔʒɛ kɔra'lɔvɛ]
Tasmanzee (de)	Morze (n) Tasmana	['mɔʒɛ tas'mana]
Caribische Zee (de)	Morze (n) Karaibskie	['mɔʒɛ kara'ipske]

| Barentszzee (de) | Morze (n) Barentsa | ['mɔʒɛ ba'rɛntsa] |
| Karische Zee (de) | Morze (n) Karskie | ['mɔʒɛ 'karske] |

Noordzee (de)	Morze (n) Północne	['mɔʒɛ puw'nɔtsnɛ]
Baltische Zee (de)	Morze (n) Bałtyckie	['mɔʒɛ baw'tɨtske]
Noorse Zee (de)	Morze (n) Norweskie	['mɔʒɛ nɔr'vɛske]

127. Bergen

berg (de)	góra (ż)	['gura]
bergketen (de)	łańcuch (m) górski	['waɲtsuh 'gurski]
gebergte (het)	grzbiet (m) górski	[gʒbet 'gurski]

bergtop (de)	szczyt (m)	[ʃtʃɨt]
bergpiek (de)	szczyt (m)	[ʃtʃɨt]
voet (ov. de berg)	podnóże (n)	[pɔd'nuʒɛ]
helling (de)	zbocze (n)	['zbɔtʃɛ]

vulkaan (de)	wulkan (m)	['vuʎkan]
actieve vulkaan (de)	czynny (m) wulkan	['tʃɨnɨ 'vuʎkan]
uitgedoofde vulkaan (de)	wygasły (m) wulkan	[vɨ'gaswɨ 'vuʎkan]

uitbarsting (de)	wybuch (m)	['vɨbuh]
krater (de)	krater (m)	['kratɛr]
magma (het)	magma (ż)	['magma]
lava (de)	lawa (ż)	['ʎava]
gloeiend (~e lava)	rozżarzony	[rɔʒʒa'ʒɔnɨ]

kloof (canyon)	kanion (m)	['kaɲjɔn]
bergkloof (de)	wąwóz (m)	['vɔ̃vus]
spleet (de)	rozpadlina (m)	[rɔspad'lina]

bergpas (de)	przełęcz (ż)	['pʃɛwɛ̃tʃ]
plateau (het)	płaskowyż (m)	[pwas'kɔvɨʃ]
klip (de)	skała (ż)	['skawa]
heuvel (de)	wzgórze (ż)	['vzguʒɛ]

gletsjer (de)	lodowiec (m)	[lɔ'dɔvets]
waterval (de)	wodospad (m)	[vɔ'dɔspat]
geiser (de)	gejzer (m)	['gɛjzɛr]
meer (het)	jezioro (m)	[e'ʒɔrɔ]

vlakte (de)	równina (ż)	[ruv'nina]
landschap (het)	pejzaż (m)	['pɛjzaʃ]
echo (de)	echo (n)	['ɛhɔ]
alpinist (de)	alpinista (m)	[aʎpi'nista]

bergbeklimmer (de)	wspinacz (m)	['fspinatʃ]
trotseren (berg ~)	pokonywać	[pɔkɔ'nivatʃ]
beklimming (de)	wspinaczka (ż)	[fspi'natʃka]

128. Bergen namen

Alpen (de)	Alpy (l.mn.)	['aʎpi]
Mont Blanc (de)	Mont Blanc (m)	[mɔn blan]
Pyreneeën (de)	Pireneje (l.mn.)	[pirɛ'nɛe]

Karpaten (de)	Karpaty (l.mn.)	[kar'pati]
Oeralgebergte (het)	Góry Uralskie (l.mn.)	['guri u'raʎske]
Kaukasus (de)	Kaukaz (m)	['kaukas]
Elbroes (de)	Elbrus (m)	['ɛʎbrus]

Altaj (de)	Ałtaj (m)	['awtaj]
Pamir (de)	Pamir (m)	['pamir]
Himalaya (de)	Himalaje (l.mn.)	[hima'lae]
Everest (de)	Mont Everest (m)	[mɔnt ɛ'vɛrɛst]

| Andes (de) | Andy (l.mn.) | ['andi] |
| Kilimanjaro (de) | Kilimandżaro (ż) | [kiliman'dʒarɔ] |

129. Rivieren

rivier (de)	rzeka (m)	['ʒɛka]
bron (~ van een rivier)	źródło (n)	['ʑ'rudwɔ]
rivierbedding (de)	koryto (n)	[kɔ'ritɔ]
rivierbekken (het)	dorzecze (n)	[dɔ'ʒɛtʃɛ]
uitmonden in ...	wpadać	['fpadatʃ]

| zijrivier (de) | dopływ (m) | ['dɔpwif] |
| oever (de) | brzeg (m) | [bʒɛk] |

stroming (de)	prąd (m)	[prɔ̃t]
stroomafwaarts (bw)	z prądem	[s 'prɔ̃dɛm]
stroomopwaarts (bw)	pod prąd	[pɔt prɔ̃t]

overstroming (de)	powódź (ż)	['pɔvutʃ]
overstroming (de)	wylew (m) rzeki	['vilef 'ʒɛki]
buiten zijn oevers treden	rozlewać się	[rɔz'levatʃ ɕɛ̃]
overstromen (ww)	zatapiać	[za'tapʲatʃ]

| zandbank (de) | mielizna (ż) | [me'lizna] |
| stroomversnelling (de) | próg (m) | [pruk] |

dam (de)	tama (ż)	['tama]
kanaal (het)	kanał (m)	['kanaw]
spaarbekken (het)	zbiornik (m) wodny	['zbɔrnik 'vɔdni]
sluis (de)	śluza (ż)	['ɕlyza]
waterlichaam (het)	zbiornik (m) wodny	['zbɔrnik 'vɔdni]
moeras (het)	bagno (n)	['bagnɔ]

broek (het)	grzęzawisko (n)	[gʒɛza'viskɔ]
draaikolk (de)	wir (m) wodny	[vir 'vɔdnɨ]
stroom (de)	potok (m)	['pɔtɔk]
drink- (abn)	pitny	['pitnɨ]
zoet (~ water)	słodki	['swɔtki]
IJs (het)	lód (m)	[lyt]
bevriezen (rivier, enz.)	zamarznąć	[za'marznɔ̃tʃ]

130. Namen van rivieren

Seine (de)	Sekwana (ż)	[sɛk'fana]
Loire (de)	Loara (ż)	[lɔ'ara]
Theems (de)	Tamiza (ż)	[ta'miza]
Rijn (de)	Ren (m)	[rɛn]
Donau (de)	Dunaj (m)	['dunaj]
Wolga (de)	Wołga (ż)	['vɔwga]
Don (de)	Don (m)	[dɔn]
Lena (de)	Lena (ż)	['lena]
Gele Rivier (de)	Huang He (ż)	[hu'aŋ hɛ]
Blauwe Rivier (de)	Jangcy (ż)	['jaŋtsɨ]
Mekong (de)	Mekong (m)	['mɛkɔŋ]
Ganges (de)	Ganges (m)	['gaŋɛs]
Nijl (de)	Nil (m)	[niʎ]
Kongo (de)	Kongo (ż)	['kɔŋɔ]
Okavango (de)	Okawango (ż)	[ɔka'vaŋɔ]
Zambezi (de)	Zambezi (ż)	[zam'bɛzi]
Limpopo (de)	Limpopo (ż)	[lim'pɔpɔ]
Mississippi (de)	Mississipi (ż)	[missis'sipi]

131. Bos

bos (het)	las (m)	[ʎas]
bos- (abn)	leśny	['leɕnɨ]
oerwoud (dicht bos)	gąszcz (ż)	[gɔ̃ʃtʃ]
bosje (klein bos)	gaj (m), lasek (m)	[gaj], ['ʎasɛk]
open plek (de)	polana (ż)	[pɔ'ʎana]
struikgewas (het)	zarośla (l.mn.)	[za'rɔɕʎa]
struiken (mv.)	krzaki (l.mn.)	['kʃaki]
paadje (het)	ścieżka (ż)	['ɕtʃeʃka]
ravijn (het)	wąwóz (m)	['vɔ̃vus]
boom (de)	drzewo (n)	['dʒɛvɔ]
blad (het)	liść (m)	[liɕtʃ]

gebladerte (het)	listowie (n)	[lis'tɔvɛ]
vallende bladeren (mv.)	opadanie (n) liści	[ɔpa'danɛ 'liɕtɕi]
vallen (ov. de bladeren)	opadać	[ɔ'padatɕ]
boomtop (de)	wierzchołek (m)	[vɛʃ'hɔwɛk]

tak (de)	gałąź (ż)	['gawɔ̃ɕ]
ent (de)	sęk (m)	[sɛ̃k]
knop (de)	pączek (m)	['pɔ̃tʃɛk]
naald (de)	igła (ż)	['igwa]
dennenappel (de)	szyszka (ż)	['ʃiʃka]

boom holte (de)	dziupla (ż)	['dʑypʎa]
nest (het)	gniazdo (n)	['gɲazdɔ]
hol (het)	nora (ż)	['nɔra]

stam (de)	pień (m)	[pɛɲ]
wortel (bijv. boom~s)	korzeń (m)	['kɔʒɛɲ]
schors (de)	kora (ż)	['kɔra]
mos (het)	mech (m)	[mɛh]

ontwortelen (een boom)	karczować	[kart'ʃɔvatʃ]
kappen (een boom ~)	ścinać	['ɕtʃinatʃ]
ontbossen (ww)	wycinać	[vi'tʃinatʃ]
stronk (de)	pieniek (m)	['penek]

kampvuur (het)	ognisko (n)	[ɔg'niskɔ]
bosbrand (de)	pożar (m)	['pɔʒar]
blussen (ww)	gasić	['gaɕitʃ]

boswachter (de)	leśnik (m)	['leɕnik]
bescherming (de)	ochrona (ż)	[ɔh'rɔna]
beschermen (bijv. de natuur ~)	chronić	['hrɔnitʃ]
stroper (de)	kłusownik (m)	[kwu'sɔvnik]
val (de)	potrzask (m)	['pɔtʃask]

| plukken (vruchten, enz.) | zbierać | ['zberatʃ] |
| verdwalen (de weg kwijt zijn) | zabłądzić | [zab'wɔ̃dʑitʃ] |

132. Natuurlijke hulpbronnen

natuurlijke rijkdommen (mv.)	zasoby (l.mn.) naturalne	[za'sɔbɨ natu'raʎnɛ]
delfstoffen (mv.)	kopaliny (l.mn.) użyteczne	[kɔpa'linɨ uʒi'tɛtʃnɛ]
lagen (mv.)	złoża (l.mn.)	['zwɔʒa]
veld (bijv. olie~)	złoże (n)	['zwɔʒɛ]

winnen (uit erts ~)	wydobywać	[vɨdɔ'bɨvatʃ]
winning (de)	wydobywanie (n)	[vɨdɔbi'vanɛ]
erts (het)	ruda (ż)	['ruda]
mijn (bijv. kolenmijn)	kopalnia (ż) rudy	[kɔ'paʎɲa 'rudɨ]
mijnschacht (de)	szyb (m)	[ʃib]
mijnwerker (de)	górnik (m)	['gurnik]
gas (het)	gaz (m)	[gas]
gasleiding (de)	gazociąg (m)	[ga'zɔtʃɔ̃k]

olie (aardolie)	ropa (ż) naftowa	['rɔpa naf'tɔva]
olieleiding (de)	rurociąg (m)	[ru'rɔtɕɔ̃k]
oliebron (de)	szyb (m) naftowy	[ʃip naf'tɔvi]
boortoren (de)	wieża (ż) wiertnicza	['veʒa vert'nitʃa]
tanker (de)	tankowiec (m)	[ta'ŋkɔvets]
zand (het)	piasek (m)	['pʲasɛk]
kalksteen (de)	wapień (m)	['vapeɲ]
grind (het)	żwir (m)	[ʒvir]
veen (het)	torf (m)	[tɔrf]
klei (de)	glina (ż)	['glina]
steenkool (de)	węgiel (m)	['vɛɲeʎ]
IJzer (het)	żelazo (n)	[ʒɛ'ʎazɔ]
goud (het)	złoto (n)	['zwɔtɔ]
zilver (het)	srebro (n)	['srɛbrɔ]
nikkel (het)	nikiel (n)	['nikeʎ]
koper (het)	miedź (ż)	[metɕ]
zink (het)	cynk (m)	[tsiŋk]
mangaan (het)	mangan (m)	['maŋan]
kwik (het)	rtęć (ż)	[rtɛ̃tɕ]
lood (het)	ołów (m)	['ɔwuf]
mineraal (het)	minerał (m)	[mi'nɛraw]
kristal (het)	kryształ (m)	['kriʃtaw]
marmer (het)	marmur (m)	['marmur]
uraan (het)	uran (m)	['uran]

De Aarde. Deel 2

133. Weer

weer (het)	pogoda (ż)	[pɔˈgɔda]
weersvoorspelling (de)	prognoza (ż) pogody	[prɔgˈnɔza pɔˈgɔdɨ]
temperatuur (de)	temperatura (ż)	[tɛmpɛraˈtura]
thermometer (de)	termometr (m)	[tɛrˈmɔmɛtr]
barometer (de)	barometr (m)	[baˈrɔmɛtr]
vochtigheid (de)	wilgoć (ż)	[ˈviʎgɔtɕ]
hitte (de)	żar (m)	[ʒar]
heet (bn)	upalny, gorący	[uˈpaʎnɨ], [gɔˈrɔ̃tsɨ]
het is heet	gorąco	[gɔˈrɔ̃tsɔ]
het is warm	ciepło	[ˈtɕepwɔ]
warm (bn)	ciepły	[ˈtɕepwɨ]
het is koud	zimno	[ˈʑimnɔ]
koud (bn)	zimny	[ˈʑimnɨ]
zon (de)	słońce (n)	[ˈswɔɲtsɛ]
schijnen (de zon)	świecić	[ˈɕfetɕitɕ]
zonnig (~e dag)	słoneczny	[swɔˈnɛtʃnɨ]
opgaan (ov. de zon)	wzejść	[vzɛjɕtɕ]
ondergaan (ww)	zajść	[zajɕtɕ]
wolk (de)	obłok (m)	[ˈɔbwɔk]
bewolkt (bn)	zachmurzony	[zahmuˈʒɔnɨ]
regenwolk (de)	chmura (ż)	[ˈhmura]
somber (bn)	pochmurny	[pɔhˈmurnɨ]
regen (de)	deszcz (m)	[dɛʃtʃ]
het regent	pada deszcz	[ˈpada dɛʃtʃ]
regenachtig (bn)	deszczowy	[dɛʃtˈʃɔvɨ]
motregenen (ww)	mżyć	[mʒɨtɕ]
plensbui (de)	ulewny deszcz (m)	[uˈlevnɨ dɛʃtʃ]
stortbui (de)	ulewa (ż)	[uˈleva]
hard (bn)	silny	[ˈɕiʎnɨ]
plas (de)	kałuża (ż)	[kaˈwuʒa]
nat worden (ww)	moknąć	[ˈmɔknɔ̃tɕ]
mist (de)	mgła (ż)	[mgwa]
mistig (bn)	mglisty	[ˈmglistɨ]
sneeuw (de)	śnieg (m)	[ɕnek]
het sneeuwt	pada śnieg	[ˈpada ɕnek]

134. Zwaar weer. Natuurrampen

noodweer (storm)	burza (ż)	['buʒa]
bliksem (de)	błyskawica (ż)	[bwiska'vitsa]
flitsen (ww)	błyskać	['bwiskatʃ]

donder (de)	grzmot (m)	[gʒmɔt]
donderen (ww)	grzmieć	[gʒmetʃ]
het dondert	grzmi	[gʒmi]

hagel (de)	grad (m)	[grat]
het hagelt	pada grad	['pada grat]

overstromen (ww)	zatopić	[za'tɔpitʃ]
overstroming (de)	powódź (ż)	['pɔvutʃ]

aardbeving (de)	trzęsienie (n) ziemi	[tʃɛ'ɕene 'ʒemi]
aardschok (de)	wstrząs (m)	[fstʃɔ̃s]
epicentrum (het)	epicentrum (n)	[ɛpi'tsɛntrum]

uitbarsting (de)	wybuch (m)	['vɨbuh]
lava (de)	lawa (ż)	['ʎava]

wervelwind (de)	trąba (ż) powietrzna	['trɔ̃ba pɔ'vetʃna]
windhoos (de)	tornado (n)	[tɔr'nadɔ]
tyfoon (de)	tajfun (m)	['tajfun]

orkaan (de)	huragan (m)	[hu'ragan]
storm (de)	burza (ż)	['buʒa]
tsunami (de)	tsunami (n)	[tsu'nami]

cycloon (de)	cyklon (m)	['tsɨklɔn]
onweer (het)	niepogoda (ż)	[nepɔ'gɔda]
brand (de)	pożar (m)	['pɔʒar]
ramp (de)	katastrofa (ż)	[katast'rɔfa]
meteoriet (de)	meteoryt (m)	[mɛtɛ'ɔrɨt]

lawine (de)	lawina (ż)	[ʎa'vina]
sneeuwverschuiving (de)	lawina (ż)	[ʎa'vina]
sneeuwjacht (de)	zamieć (ż)	['zametʃ]
sneeuwstorm (de)	śnieżyca (ż)	[ɕne'ʒɨtsa]

Fauna

135. Zoogdieren. Roofdieren

roofdier (het)	drapieżnik (m)	[dra'peʒnik]
tijger (de)	tygrys (m)	['tigris]
leeuw (de)	lew (m)	[lef]
wolf (de)	wilk (m)	[viʎk]
vos (de)	lis (m)	[lis]
jaguar (de)	jaguar (m)	[ja'guar]
luipaard (de)	lampart (m)	['ʎampart]
jachtluipaard (de)	gepard (m)	['gɛpart]
panter (de)	pantera (ż)	[pan'tɛra]
poema (de)	puma (ż)	['puma]
sneeuwluipaard (de)	irbis (m)	['irbis]
lynx (de)	ryś (m)	[riɕ]
coyote (de)	kojot (m)	['kɔɔt]
jakhals (de)	szakal (m)	['ʃakaʎ]
hyena (de)	hiena (ż)	['hʰena]

136. Wilde dieren

dier (het)	zwierzę (n)	['zveʒɛ̃]
beest (het)	dzikie zwierzę (n)	['dʒike 'zveʒɛ̃]
eekhoorn (de)	wiewiórka (ż)	[ve'vyrka]
egel (de)	jeż (m)	[eʃ]
haas (de)	zając (m)	['zaɔ̃ts]
konijn (het)	królik (m)	['krulik]
das (de)	borsuk (m)	['bɔrsuk]
wasbeer (de)	szop (m)	[ʃɔp]
hamster (de)	chomik (m)	['hɔmik]
marmot (de)	świstak (m)	['ɕfistak]
mol (de)	kret (m)	[krɛt]
muis (de)	mysz (ż)	[miʃ]
rat (de)	szczur (m)	[ʃtʃur]
vleermuis (de)	nietoperz (m)	[ne'tɔpɛʃ]
hermelijn (de)	gronostaj (m)	[grɔ'nɔstaj]
sabeldier (het)	soból (m)	['sɔbuʎ]
marter (de)	kuna (ż)	['kuna]
wezel (de)	łasica (ż)	[wa'ɕitsa]
nerts (de)	norka (ż)	['nɔrka]

bever (de)	bóbr (m)	[bubr]
otter (de)	wydra (ż)	['vidra]
paard (het)	koń (m)	[kɔɲ]
eland (de)	łoś (m)	[wɔɕ]
hert (het)	jeleń (m)	['elɛɲ]
kameel (de)	wielbłąd (m)	['vɛʎbwɔ̃t]
bizon (de)	bizon (m)	['bizɔn]
oeros (de)	żubr (m)	[ʒubr]
buffel (de)	bawół (m)	['bavuw]
zebra (de)	zebra (ż)	['zɛbra]
antilope (de)	antylopa (ż)	[antɨ'lɔpa]
ree (de)	sarna (ż)	['sarna]
damhert (het)	łania (ż)	['waɲa]
gems (de)	kozica (ż)	[kɔ'ʑitsa]
everzwijn (het)	dzik (m)	[dʑik]
walvis (de)	wieloryb (m)	[vɛ'lɔrɨp]
rob (de)	foka (ż)	['fɔka]
walrus (de)	mors (m)	[mɔrs]
zeehond (de)	kot (m) morski	[kɔt 'mɔrski]
dolfijn (de)	delfin (m)	['dɛʎfin]
beer (de)	niedźwiedź (m)	['nedʑʲvetʃ]
IJsbeer (de)	niedźwiedź (m) polarny	['nedʑʲvetʃ pɔ'ʎarnɨ]
panda (de)	panda (ż)	['panda]
aap (de)	małpa (ż)	['mawpa]
chimpansee (de)	szympans (m)	['ʃimpans]
orang-oetan (de)	orangutan (m)	[ɔra'ŋutan]
gorilla (de)	goryl (m)	['gɔriʎ]
makaak (de)	makak (m)	['makak]
gibbon (de)	gibon (m)	['gibɔn]
olifant (de)	słoń (m)	['swɔɲ]
neushoorn (de)	nosorożec (m)	[nɔsɔ'rɔʒɛts]
giraffe (de)	żyrafa (ż)	[ʒɨ'rafa]
nijlpaard (het)	hipopotam (m)	[hipɔ'pɔtam]
kangoeroe (de)	kangur (m)	['kaŋur]
koala (de)	koala (ż)	[kɔ'aʎa]
mangoest (de)	mangusta (ż)	[ma'ŋusta]
chinchilla (de)	szynszyla (ż)	[ʃɨn'ʃɨʎa]
stinkdier (het)	skunks (m)	[skuŋks]
stekelvarken (het)	jeżozwierz (m)	[e'ʒɔzvɛʃ]

137. Huisdieren

poes (de)	kotka (ż)	['kɔtka]
kater (de)	kot (m)	[kɔt]
hond (de)	pies (m)	[pes]

paard (het)	koń (m)	[kɔɲ]
hengst (de)	źrebak (m), ogier (m)	['ʑrɛbak], ['ɔgjer]
merrie (de)	klacz (ż)	[kʎatʃ]
koe (de)	krowa (ż)	['krɔva]
stier (de)	byk (m)	[bik]
os (de)	wół (m)	[vuw]
schaap (het)	owca (ż)	['ɔftsa]
ram (de)	baran (m)	['baran]
geit (de)	koza (ż)	['kɔza]
bok (de)	kozioł (m)	['kɔʒɔw]
ezel (de)	osioł (m)	['ɔɕɔw]
muilezel (de)	muł (m)	[muw]
varken (het)	świnia (ż)	['ɕfiɲa]
biggetje (het)	prosiak (m)	['prɔɕak]
konijn (het)	królik (m)	['krulik]
kip (de)	kura (ż)	['kura]
haan (de)	kogut (m)	['kɔgut]
eend (de)	kaczka (ż)	['katʃka]
woerd (de)	kaczor (m)	['katʃɔr]
gans (de)	gęś (ż)	[gɛ̃ɕ]
kalkoen haan (de)	indyk (m)	['indik]
kalkoen (de)	indyczka (ż)	[in'ditʃka]
huisdieren (mv.)	zwierzęta (l.mn.) domowe	[zvʲe'ʒɛnta dɔ'mɔvɛ]
tam (bijv. hamster)	oswojony	[ɔsfɔɔni]
temmen (tam maken)	oswajać	[ɔsˈfajatʃ]
fokken (bijv. paarden ~)	hodować	[hɔˈdɔvatʃ]
boerderij (de)	ferma (ż)	['fɛrma]
gevogelte (het)	drób (m)	[drup]
rundvee (het)	bydło (n)	['bidwɔ]
kudde (de)	stado (n)	['stadɔ]
paardenstal (de)	stajnia (ż)	['stajɲa]
zwijnenstal (de)	chlew (m)	[hlef]
koeienstal (de)	obora (ż)	[ɔ'bɔra]
konijnenhok (het)	klatka (ż) dla królików	['klatka dʎa krɔ'likɔf]
kippenhok (het)	kurnik (m)	['kurnik]

138. Vogels

vogel (de)	ptak (m)	[ptak]
duif (de)	gołąb (m)	['gɔwɔ̃p]
mus (de)	wróbel (m)	['vrubɛʎ]
koolmees (de)	sikorka (ż)	[ɕi'kɔrka]
ekster (de)	sroka (ż)	['srɔka]
raaf (de)	kruk (m)	[kruk]

kraai (de)	wrona (ż)	['vrɔna]
kauw (de)	kawka (ż)	['kafka]
roek (de)	gawron (m)	['gavrɔn]

eend (de)	kaczka (ż)	['katʃka]
gans (de)	gęś (ż)	[gɛ̃ɕ]
fazant (de)	bażant (m)	['baʒant]

arend (de)	orzeł (m)	['ɔʒɛw]
havik (de)	jastrząb (m)	['jastʃɔ̃p]
valk (de)	sokół (m)	['sɔkuw]
gier (de)	sęp (m)	[sɛ̃p]
condor (de)	kondor (m)	['kɔndɔr]

zwaan (de)	łabędź (m)	['wabɛ̃tʃ]
kraanvogel (de)	żuraw (m)	['ʒuraf]
ooievaar (de)	bocian (m)	['bɔtʃʲan]

papegaai (de)	papuga (ż)	[pa'puga]
kolibrie (de)	koliber (m)	[kɔ'libɛr]
pauw (de)	paw (m)	[paf]

struisvogel (de)	struś (m)	[struɕ]
reiger (de)	czapla (ż)	['tʃapʎa]
flamingo (de)	flaming (m)	['fʎamiŋ]
pelikaan (de)	pelikan (m)	[pɛ'likan]

| nachtegaal (de) | słowik (m) | ['swɔvik] |
| zwaluw (de) | jaskółka (ż) | [jas'kuwka] |

lijster (de)	drozd (m)	[drɔst]
zanglijster (de)	drozd śpiewak (m)	[drɔst 'ɕpevak]
merel (de)	kos (m)	[kɔs]

gierzwaluw (de)	jerzyk (m)	['eʒik]
leeuwerik (de)	skowronek (m)	[skɔv'rɔnɛk]
kwartel (de)	przepiórka (ż)	[pʃɛ'pyrka]

specht (de)	dzięcioł (m)	['dʒɛ̃tʃɔw]
koekoek (de)	kukułka (ż)	[ku'kuwka]
uil (de)	sowa (ż)	['sɔva]
oehoe (de)	puchacz (m)	['puhatʃ]
auerhoen (het)	głuszec (m)	['gwuʃɛts]
korhoen (het)	cietrzew (m)	['tʃetʃɛf]
patrijs (de)	kuropatwa (ż)	[kurɔ'patfa]

spreeuw (de)	szpak (m)	[ʃpak]
kanarie (de)	kanarek (m)	[ka'narɛk]
hazelhoen (het)	jarząbek (m)	[ja'ʒɔ̃bɛk]

| vink (de) | zięba (ż) | ['ʒɛ̃ba] |
| goudvink (de) | gil (m) | [giʎ] |

meeuw (de)	mewa (ż)	['mɛva]
albatros (de)	albatros (m)	[aʎ'batrɔs]
pinguïn (de)	pingwin (m)	['piŋvin]

139. Vis. Zeedieren

brasem (de)	leszcz (m)	[leʃtʃ]
karper (de)	karp (m)	[karp]
baars (de)	okoń (m)	[ˈɔkɔɲ]
meerval (de)	sum (m)	[sum]
snoek (de)	szczupak (m)	[ˈʃtʃupak]
zalm (de)	łosoś (m)	[ˈwɔsɔɕ]
steur (de)	jesiotr (m)	[ˈeɕɜtr]
haring (de)	śledź (m)	[ɕletʃ]
atlantische zalm (de)	łosoś (m)	[ˈwɔsɔɕ]
makreel (de)	makrela (ż)	[makˈrɛla]
platvis (de)	flądra (ż)	[flɔ̃dra]
snoekbaars (de)	sandacz (m)	[ˈsandatʃ]
kabeljauw (de)	dorsz (m)	[dɔrʃ]
tonijn (de)	tuńczyk (m)	[ˈtuɲtʃik]
forel (de)	pstrąg (m)	[pstrɔ̃k]
paling (de)	węgorz (m)	[ˈvɛŋɔʃ]
sidderrog (de)	drętwa (ż)	[ˈdrɛntfa]
murene (de)	murena (ż)	[muˈrɛna]
piranha (de)	pirania (ż)	[piˈraɲja]
haai (de)	rekin (m)	[ˈrɛkin]
dolfijn (de)	delfin (m)	[ˈdɛʎfin]
walvis (de)	wieloryb (m)	[veˈlɔrɨp]
krab (de)	krab (m)	[krap]
kwal (de)	meduza (ż)	[mɛˈduza]
octopus (de)	ośmiornica (ż)	[ɔɕmɜrˈnitsa]
zeester (de)	rozgwiazda (ż)	[rɔzgˈvʲazda]
zee-egel (de)	jeżowiec (m)	[eˈʒɔvets]
zeepaardje (het)	konik (m) morski	[ˈkɔnik ˈmɔrski]
oester (de)	ostryga (ż)	[ɔstˈrɨga]
garnaal (de)	krewetka (ż)	[krɛˈvɛtka]
kreeft (de)	homar (m)	[ˈhɔmar]
langoest (de)	langusta (ż)	[ʎaˈŋusta]

140. Amfibieën. Reptielen

slang (de)	wąż (m)	[vɔ̃ʃ]
giftig (slang)	jadowity	[jadɔˈvitɨ]
adder (de)	żmija (ż)	[ˈʒmija]
cobra (de)	kobra (ż)	[ˈkɔbra]
python (de)	python (m)	[ˈpitɔn]
boa (de)	wąż dusiciel (m)	[vɔ̃ʒ duˈɕitʃeʎ]
ringslang (de)	zaskroniec (m)	[zaskˈrɔnets]

ratelslang (de)	grzechotnik (m)	[gʒɛ'hɔtnik]
anaconda (de)	anakonda (ż)	[ana'kɔnda]

hagedis (de)	jaszczurka (ż)	[jaʃt'ʃurka]
leguaan (de)	legwan (m)	['legvan]
varaan (de)	waran (m)	['varan]
salamander (de)	salamandra (ż)	[saʎa'mandra]
kameleon (de)	kameleon (m)	[kamɛ'leɔn]
schorpioen (de)	skorpion (m)	['skɔrpʰɜn]

schildpad (de)	żółw (m)	[ʒuwf]
kikker (de)	żaba (ż)	['ʒaba]
pad (de)	ropucha (ż)	[rɔ'puha]
krokodil (de)	krokodyl (m)	[krɔ'kɔdɨʎ]

141. Insecten

insect (het)	owad (m)	['ɔvat]
vlinder (de)	motyl (m)	['mɔtɨʎ]
mier (de)	mrówka (ż)	['mrufka]
vlieg (de)	mucha (ż)	['muha]
mug (de)	komar (m)	['kɔmar]
kever (de)	żuk (m), chrząszcz (m)	[ʒuk], [hʃɔ̃ʃtʃ]

wesp (de)	osa (ż)	['ɔsa]
bij (de)	pszczoła (ż)	['pʃtʃɔwa]
hommel (de)	trzmiel (m)	[tʃmeʎ]
horzel (de)	giez (m)	[ges]

spin (de)	pająk (m)	['paɔ̃k]
spinnenweb (het)	pajęczyna (ż)	[pačt'ʃɨna]

libel (de)	ważka (ż)	['vaʃka]
sprinkhaan (de)	konik (m) polny	['kɔnik 'pɔʎnɨ]
nachtvlinder (de)	omacnica (ż)	[ɔmats'nitsa]

kakkerlak (de)	karaluch (m)	[ka'ralyh]
mijt (de)	kleszcz (m)	[kleʃtʃ]
vlo (de)	pchła (ż)	[phwa]
kriebelmug (de)	meszka (ż)	['mɛʃka]

treksprinkhaan (de)	szarańcza (ż)	[ʃa'raɲtʃa]
slak (de)	ślimak (m)	['ɕlimak]
krekel (de)	świerszcz (m)	[ɕferʃtʃ]
glimworm (de)	robaczek (m) świętojański	[rɔ'batʃɛk ɕfɛ̃tɔ'jaɲski]
lieveheersbeestje (het)	biedronka (ż)	[bed'rɔnka]
meikever (de)	chrabąszcz (m) majowy	['hrabɔ̃ʃtʃ maʒvɨ]

bloedzuiger (de)	pijawka (ż)	[pi'jafka]
rups (de)	gąsienica (ż)	[gɔ̃ɕe'nitsa]
aardworm (de)	robak (m)	['rɔbak]
larve (de)	poczwarka (ż)	[pɔtʃ'farka]

Flora

142. Bomen

boom (de)	drzewo (n)	['dʒɛvɔ]
loof- (abn)	liściaste	[liɕ'tʃastɛ]
dennen- (abn)	iglaste	[ig'ʎastɛ]
groenblijvend (bn)	wiecznie zielony	[vetʃnɛʒe'lɜni]
appelboom (de)	jabłoń (ż)	['jabwɔɲ]
perenboom (de)	grusza (ż)	['gruʃa]
zoete kers (de)	czereśnia (ż)	[tʃɛ'rɛɕɲa]
zure kers (de)	wiśnia (ż)	['viɕɲa]
pruimelaar (de)	śliwa (ż)	['ɕliva]
berk (de)	brzoza (ż)	['bʒɔza]
eik (de)	dąb (m)	[dɔ̃p]
linde (de)	lipa (ż)	['lipa]
esp (de)	osika (ż)	[ɔ'ɕika]
esdoorn (de)	klon (m)	['klɜn]
spar (de)	świerk (m)	['ɕferk]
den (de)	sosna (ż)	['sɔsna]
lariks (de)	modrzew (m)	['mɔdʒɛf]
zilverspar (de)	jodła (ż)	[ɜdwa]
ceder (de)	cedr (m)	[tsɛdr]
populier (de)	topola (ż)	[tɔ'pɔʎa]
lijsterbes (de)	jarzębina (ż)	[jaʒɛ̃'bina]
wilg (de)	wierzba iwa (ż)	['veʒba 'iva]
els (de)	olcha (ż)	['ɔʎha]
beuk (de)	buk (m)	[buk]
iep (de)	wiąz (m)	[vɔ̃z]
es (de)	jesion (m)	['eɕɜn]
kastanje (de)	kasztan (m)	['kaʃtan]
magnolia (de)	magnolia (ż)	[mag'nɔʎja]
palm (de)	palma (ż)	['paʎma]
cipres (de)	cyprys (m)	['tsipris]
mangrove (de)	drzewo (n) mangrowe	['dʒɛvɔ maŋ'rɔvɛ]
baobab (apenbroodboom)	baobab (m)	[ba'ɔbap]
eucalyptus (de)	eukaliptus (m)	[ɛuka'liptus]
mammoetboom (de)	sekwoja (ż)	[sɛk'fɔja]

143. Heesters

struik (de)	krzew (m)	[kʃɛf]
heester (de)	krzaki (l.mn.)	['kʃaki]

| wijnstok (de) | winorośl (ż) | [vi'nɔrɔɕʎ] |
| wijngaard (de) | winnica (ż) | [vi'ɲitsa] |

frambozenstruik (de)	malina (ż)	[ma'lina]
rode bessenstruik (de)	porzeczka (ż) czerwona	[pɔ'ʒɛtʃka tʃɛr'vɔna]
kruisbessenstruik (de)	agrest (m)	['agrɛst]

acacia (de)	akacja (ż)	[a'katsʰja]
zuurbes (de)	berberys (m)	[bɛr'bɛris]
jasmijn (de)	jaśmin (m)	['jaɕmin]

jeneverbes (de)	jałowiec (m)	[ja'wɔvets]
rozenstruik (de)	róża (ż)	['ruʒa]
hondsroos (de)	dzika róża (ż)	['dʑika 'ruʒa]

144. Vruchten. Bessen

vrucht (de)	owoc (m)	['ɔvɔts]
vruchten (mv.)	owoce (l.mn.)	[ɔ'vɔtsɛ]
appel (de)	jabłko (n)	['jabkɔ]
peer (de)	gruszka (ż)	['gruʃka]
pruim (de)	śliwka (ż)	['ɕlifka]

aardbei (de)	truskawka (ż)	[trus'kafka]
zure kers (de)	wiśnia (ż)	['viɕɲa]
zoete kers (de)	czereśnia (ż)	[tʃɛ'rɛɕɲa]
druif (de)	winogrona (l.mn.)	[vinɔg'rɔna]

framboos (de)	malina (ż)	[ma'lina]
zwarte bes (de)	czarna porzeczka (ż)	['tʃarna pɔ'ʒɛtʃka]
rode bes (de)	czerwona porzeczka (ż)	[tʃɛr'vɔna pɔ'ʒɛtʃka]

| kruisbes (de) | agrest (m) | ['agrɛst] |
| veenbes (de) | żurawina (ż) | [ʒura'vina] |

sinaasappel (de)	pomarańcza (ż)	[pɔma'raɲtʃa]
mandarijn (de)	mandarynka (ż)	[manda'rɨŋka]
ananas (de)	ananas (ż)	[a'nanas]

| banaan (de) | banan (m) | ['banan] |
| dadel (de) | daktyl (m) | ['daktɨl] |

citroen (de)	cytryna (ż)	[tsɨt'rɨna]
abrikoos (de)	morela (ż)	[mɔ'rɛʎa]
perzik (de)	brzoskwinia (ż)	[bʒɔsk'fiɲa]

| kiwi (de) | kiwi (n) | ['kivi] |
| grapefruit (de) | grejpfrut (m) | ['grɛjpfrut] |

bes (de)	jagoda (ż)	[ja'gɔda]
bessen (mv.)	jagody (l.mn.)	[ja'gɔdɨ]
vossenbes (de)	borówka (ż)	[bɔ'rufka]
bosaardbei (de)	poziomka (ż)	[pɔ'ʒɔmka]
bosbes (de)	borówka (ż) czarna	[bɔ'rofka 'tʃarna]

145. Bloemen. Planten

bloem (de)	kwiat (m)	[kfʲat]
boeket (het)	bukiet (m)	[ˈbuket]
roos (de)	róża (ż)	[ˈruʒa]
tulp (de)	tulipan (m)	[tuˈlipan]
anjer (de)	goździk (m)	[ˈgozʲdʑik]
gladiool (de)	mieczyk (m)	[ˈmetʃik]
korenbloem (de)	bławatek (m)	[bwaˈvatɛk]
klokje (het)	dzwonek (m)	[ˈdzvɔnɛk]
paardenbloem (de)	dmuchawiec (m)	[dmuˈhaveʦ]
kamille (de)	rumianek (m)	[ruˈmʲanɛk]
aloë (de)	aloes (m)	[aˈlɜɛs]
cactus (de)	kaktus (m)	[ˈkaktus]
ficus (de)	fikus (m)	[ˈfikus]
lelie (de)	lilia (ż)	[ˈliʎja]
geranium (de)	pelargonia (ż)	[pɛʎarˈgɔɲja]
hyacint (de)	hiacynt (m)	[ˈhʰjatsint]
mimosa (de)	mimoza (ż)	[miˈmɔza]
narcis (de)	narcyz (m)	[ˈnarʦis]
Oostindische kers (de)	nasturcja (ż)	[nasˈturʦʰja]
orchidee (de)	orchidea (ż)	[ɔrhiˈdɛa]
pioenroos (de)	piwonia (ż)	[piˈvɔɲja]
viooltje (het)	fiołek (m)	[fʰɜwɛk]
driekleurig viooltje (het)	bratek (m)	[ˈbratɛk]
vergeet-mij-nietje (het)	niezapominajka (ż)	[nezapɔmiˈnajka]
madeliefje (het)	stokrotka (ż)	[stɔkˈrɔtka]
papaver (de)	mak (m)	[mak]
hennep (de)	konopie (l.mn.)	[kɔˈnɔpje]
munt (de)	mięta (ż)	[ˈmenta]
lelietje-van-dalen (het)	konwalia (ż)	[kɔnˈvaʎja]
sneeuwklokje (het)	przebiśnieg (m)	[pʃɛˈbiɕnek]
brandnetel (de)	pokrzywa (ż)	[pɔkˈʃiva]
veldzuring (de)	szczaw (m)	[ʃtʃaf]
waterlelie (de)	lilia wodna (ż)	[ˈliʎja ˈvɔdna]
varen (de)	paproć (ż)	[ˈpaprɔtʃ]
korstmos (het)	porost (m)	[ˈpɔrɔst]
oranjerie (de)	szklarnia (ż)	[ˈʃkʎarɲa]
gazon (het)	trawnik (m)	[ˈtravnik]
bloemperk (het)	klomb (m)	[ˈklɜmp]
plant (de)	roślina (ż)	[rɔɕˈlina]
gras (het)	trawa (ż)	[ˈtrava]
grasspriet (de)	źdźbło (n)	[zʲdʒʲbwɔ]

blad (het)	liść (m)	[liɕtɕ]
bloemblad (het)	płatek (m)	['pwatɛk]
stengel (de)	łodyga (ż)	[wɔ'diga]
knol (de)	bulwa (ż)	['buʎva]

scheut (de)	kiełek (m)	['kewɛk]
doorn (de)	kolec (m)	['kɔlets]

bloeien (ww)	kwitnąć	['kfitnɔ̃tɕ]
verwelken (ww)	więdnąć	['vendnɔ̃tɕ]
geur (de)	zapach (m)	['zapah]
snijden (bijv. bloemen ~)	ściąć	[ɕtɕɔ̃ⁱtɕ]
plukken (bloemen ~)	zerwać	['zɛrvatɕ]

146. Granen, graankorrels

graan (het)	zboże (n)	['zbɔʒɛ]
graangewassen (mv.)	zboża (l.mn.)	['zbɔʒa]
aar (de)	kłos (m)	[kwɔs]

tarwe (de)	pszenica (ż)	[pʃɛ'nitsa]
rogge (de)	żyto (n)	['ʒitɔ]
haver (de)	owies (m)	['ɔves]
gierst (de)	proso (n)	['prɔsɔ]
gerst (de)	jęczmień (m)	['entʃmɛ̃]

maïs (de)	kukurydza (ż)	[kuku'ridza]
rijst (de)	ryż (m)	[riʃ]
boekweit (de)	gryka (ż)	['grika]

erwt (de)	groch (m)	[grɔh]
boon (de)	fasola (ż)	[fa'sɔʎa]
soja (de)	soja (ż)	['sɔja]
linze (de)	soczewica (ż)	[sɔtʃɛ'vitsa]
bonen (mv.)	bób (m)	[bup]

LANDEN. NATIONALITEITEN

147. West-Europa

Europa (het)	Europa (z)	[ɛu'rɔpa]
Europese Unie (de)	Unia (z) Europejska	['uɲja ɛurɔ'pɛjska]

Oostenrijk (het)	Austria (z)	['austrʰja]
Groot-Brittannië (het)	Wielka Brytania (z)	['vɛʎka bri'taɲja]
Engeland (het)	Anglia (z)	['aŋʎja]
België (het)	Belgia (z)	['bɛʎgʰja]
Duitsland (het)	Niemcy (l.mn.)	['nemtsi]

Nederland (het)	Niderlandy (l.mn.)	[nidɛr'ʎandi]
Holland (het)	Holandia (z)	[hɔ'ʎandʰja]
Griekenland (het)	Grecja (z)	['grɛtsʰja]
Denemarken (het)	Dania (z)	['daɲja]
Ierland (het)	Irlandia (z)	[ir'ʎandʰja]
IJsland (het)	Islandia (z)	[is'ʎandʰja]

Spanje (het)	Hiszpania (z)	[hiʃ'paɲja]
Italië (het)	Włochy (l.mn.)	['vwɔhi]
Cyprus (het)	Cypr (m)	[tsipr]
Malta (het)	Malta (z)	['maʎta]

Noorwegen (het)	Norwegia (z)	[nɔr'vɛgʰja]
Portugal (het)	Portugalia (z)	[pɔrtu'gaʎja]
Finland (het)	Finlandia (z)	[fin'ʎandʰja]
Frankrijk (het)	Francja (z)	['frantsʰja]

Zweden (het)	Szwecja (z)	['ʃfɛtsʰja]
Zwitserland (het)	Szwajcaria (z)	[ʃfaj'tsarʰja]
Schotland (het)	Szkocja (z)	['ʃkɔtsʰja]

Vaticaanstad (de)	Watykan (m)	[va'tikan]
Liechtenstein (het)	Liechtenstein (m)	['lihtɛnʃtajn]
Luxemburg (het)	Luksemburg (m)	['lyksɛmburk]
Monaco (het)	Monako (n)	[mɔ'nakɔ]

148. Centraal- en Oost-Europa

Albanië (het)	Albania (z)	[aʎ'baɲja]
Bulgarije (het)	Bułgaria (z)	[buw'garʰja]
Hongarije (het)	Węgry (l.mn.)	['vɛŋri]
Letland (het)	Łotwa (z)	['wɔtfa]

Litouwen (het)	Litwa (z)	['litfa]
Polen (het)	Polska (z)	['pɔʎska]

Roemenië (het)	Rumunia (ż)	[ru'muɲja]
Servië (het)	Serbia (ż)	['sɛrbʰja]
Slowakije (het)	Słowacja (ż)	[swɔ'vatsʰja]
Kroatië (het)	Chorwacja (ż)	[hɔr'vatsʰja]
Tsjechië (het)	Czechy (l.mn.)	['tʃɛhɨ]
Estland (het)	Estonia (ż)	[ɛs'tɔɲja]
Bosnië en Herzegovina (het)	Bośnia i Hercegowina (ż)	['bɔɕɲa i hɛrtsɛgɔ'vina]
Macedonië (het)	Macedonia (ż)	[matsɛ'dɔɲja]
Slovenië (het)	Słowenia (ż)	[swɔ'vɛɲja]
Montenegro (het)	Czarnogóra (ż)	[tʃarnɔ'gura]

149. Voormalige USSR landen

Azerbeidzjan (het)	Azerbejdżan (m)	[azɛr'bɛjdʐan]
Armenië (het)	Armenia (ż)	[ar'mɛɲja]
Wit-Rusland (het)	Białoruś (ż)	[bʲa'woruɕ]
Georgië (het)	Gruzja (ż)	['gruzʰja]
Kazakstan (het)	Kazachstan (m)	[ka'zahstan]
Kirgizië (het)	Kirgizja (ż), Kirgistan (m)	[kir'gizʰja], [kir'gistan]
Moldavië (het)	Mołdawia (ż)	[mɔw'davʰja]
Rusland (het)	Rosja (ż)	['rɔsʰja]
Oekraïne (het)	Ukraina (ż)	[ukra'ina]
Tadzjikistan (het)	Tadżykistan (m)	[tadʐɨ'kistan]
Turkmenistan (het)	Turkmenia (ż)	[turk'mɛɲja]
Oezbekistan (het)	Uzbekistan (m)	[uzbɛ'kistan]

150. Azië

Azië (het)	Azja (ż)	['azʰja]
Vietnam (het)	Wietnam (m)	['vʰetnam]
India (het)	Indie (l.mn.)	['indʰe]
Israël (het)	Izrael (m)	[iz'raɛʎ]
China (het)	Chiny (l.mn.)	['hinɨ]
Libanon (het)	Liban (m)	['liban]
Mongolië (het)	Mongolia (ż)	[mɔ'ŋɔʎja]
Maleisië (het)	Malezja (ż)	[ma'lezʰja]
Pakistan (het)	Pakistan (m)	[pa'kistan]
Saoedi-Arabië (het)	Arabia (z) Saudyjska	[a'rabʰja sau'dɨjska]
Thailand (het)	Tajlandia (ż)	[taj'ʎandʰja]
Taiwan (het)	Tajwan (m)	['tajvan]
Turkije (het)	Turcja (ż)	['turtsʰja]
Japan (het)	Japonia (ż)	[ja'pɔɲja]
Afghanistan (het)	Afganistan (n)	[avga'nistan]
Bangladesh (het)	Bangladesz (m)	[baŋʎa'dɛʃ]

Indonesië (het)	Indonezja (ż)	[indɔ'nɛzʰja]
Jordanië (het)	Jordania (ż)	[ɜr'daɲja]
Irak (het)	Irak (m)	['irak]
Iran (het)	Iran (m)	['iran]
Cambodja (het)	Kambodża (ż)	[kam'bɔdʒa]
Koeweit (het)	Kuwejt (m)	['kuvɛjt]
Laos (het)	Laos (m)	['ʎaɔs]
Myanmar (het)	Mjanma (ż)	['mjanma]
Nepal (het)	Nepal (m)	['nɛpaʎ]
Verenigde Arabische Emiraten	Zjednoczone Emiraty Arabskie	[zʰednɔt'ʃɔnɛ ɛmi'rati a'rapskɛ]
Syrië (het)	Syria (ż)	['sirʰja]
Palestijnse autonomie (de)	Autonomia (ż) Palestyńska	[autɔ'nɔmʰja pales'tiɲska]
Zuid-Korea (het)	Korea (ż) Południowa	[kɔ'rɛa pɔwud'nɔva]
Noord-Korea (het)	Korea (ż) Północna	[kɔ'rɛa puw'nɔtsna]

151. Noord-Amerika

Verenigde Staten van Amerika	Stany (l.mn.) Zjednoczone Ameryki	['stani zʰednɔt'ʃɔnɛ a'mɛriki]
Canada (het)	Kanada (ż)	[ka'nada]
Mexico (het)	Meksyk (m)	['mɛksik]

152. Midden- en Zuid-Amerika

Argentinië (het)	Argentyna (ż)	[argɛn'tina]
Brazilië (het)	Brazylia (ż)	[bra'ziʎja]
Colombia (het)	Kolumbia (ż)	[kɔ'lymbʰja]
Cuba (het)	Kuba (ż)	['kuba]
Chili (het)	Chile (n)	['tʃile]
Bolivia (het)	Boliwia (ż)	[bɔ'livʰja]
Venezuela (het)	Wenezuela (ż)	[vɛnɛzu'ɛʎa]
Paraguay (het)	Paragwaj (m)	[pa'ragvaj]
Peru (het)	Peru (n)	['pɛru]
Suriname (het)	Surinam (m)	[su'rinam]
Uruguay (het)	Urugwaj (m)	[u'rugvaj]
Ecuador (het)	Ekwador (m)	[ɛk'fadɔr]
Bahama's (mv.)	Wyspy (l.mn.) Bahama	['vispi ba'hama]
Haïti (het)	Haiti (n)	[ha'iti]
Dominicaanse Republiek (de)	Dominikana (ż)	[dɔmini'kana]
Panama (het)	Panama (ż)	[pa'nama]
Jamaica (het)	Jamajka (ż)	[ja'majka]

153. Afrika

Egypte (het)	Egipt (m)	['ɛgipt]
Marokko (het)	Maroko (n)	[ma'rɔkɔ]
Tunesië (het)	Tunezja (ż)	[tu'nɛzʰja]
Ghana (het)	Ghana (ż)	['gana]
Zanzibar (het)	Zanzibar (m)	[zan'zibar]
Kenia (het)	Kenia (ż)	['kɛɲja]
Libië (het)	Libia (ż)	['libʰja]
Madagaskar (het)	Madagaskar (m)	[mada'gaskar]
Namibië (het)	Namibia (ż)	[na'mibʰja]
Senegal (het)	Senegal (m)	[sɛ'nɛgaʎ]
Tanzania (het)	Tanzania (ż)	[tan'zaɲja]
Zuid-Afrika (het)	Afryka (ż) Południowa	['afrɨka pɔwud'nɜva]

154. Australië. Oceanië

Australië (het)	Australia (ż)	[aust'raʎja]
Nieuw-Zeeland (het)	Nowa Zelandia (ż)	['nɔva zɛ'ʎandʰja]
Tasmanië (het)	Tasmania (ż)	[tas'maɲja]
Frans-Polynesië	Polinezja (ż) Francuska	[pɔli'nɛzʰja fran'tsuska]

155. Steden

Amsterdam	Amsterdam (m)	[ams'tɛrdam]
Ankara	Ankara (ż)	[a'ŋkara]
Athene	Ateny (l.mn.)	[a'tɛnɨ]
Bagdad	Bagdad (m)	['bagdat]
Bangkok	Bangkok (m)	['baŋkɔk]
Barcelona	Barcelona (ż)	[bartsɛ'lɜna]
Beiroet	Bejrut (m)	['bɛjrut]
Berlijn	Berlin (m)	['bɛrlin]
Boedapest	Budapeszt (m)	[bu'dapɛʃt]
Boekarest	Bukareszt (m)	[bu'karɛʃt]
Bombay, Mumbai	Bombaj (m)	['bɔmbaj]
Bonn	Bonn (n)	[bɔn]
Bordeaux	Bordeaux (n)	[bɔr'dɔ]
Bratislava	Bratysława (ż)	[bratɨs'wava]
Brussel	Bruksela (ż)	[bruk'sɛʎa]
Caïro	Kair (m)	['kair]
Calcutta	Kalkuta (ż)	[kaʎ'kuta]
Chicago	Chicago (n)	[tʃi'kagɔ]
Dar Es Salaam	Dar es Salam (m)	[dar ɛs 'saʎam]
Delhi	Delhi (n)	['dɛli]
Den Haag	Haga (ż)	['haga]

Dubai	Dubaj (n)	['dubaj]
Dublin	Dublin (m)	['dublin]
Düsseldorf	Düsseldorf (m)	['dysɛʎdɔrf]
Florence	Florencja (ż)	[flɜ'rɛnts^hja]

Frankfort	Frankfurt (m)	['fraŋkfurt]
Genève	Genewa (ż)	[gɛ'nɛva]
Hamburg	Hamburg (m)	['hamburk]
Hanoi	Hanoi (n)	['hanɔj]
Havana	Hawana (ż)	[ha'vana]

Helsinki	Helsinki (l.mn.)	[hɛʎ'siŋki]
Hiroshima	Hiroszima (ż)	[hirɔ'ʃima]
Hongkong	Hongkong (m)	['hɔŋkɔŋk]
Istanbul	Stambuł (m)	['stambuw]
Jeruzalem	Jerozolima (ż)	[jerɔzɔ'lima]
Kiev	Kijów (m)	['kijuf]

Kopenhagen	Kopenhaga (ż)	[kɔpɛn'haga]
Kuala Lumpur	Kuala Lumpur (n)	[ku'aʎa 'lympur]
Lissabon	Lizbona (ż)	[liz'bona]
Londen	Londyn (m)	['lɔndɨn]
Los Angeles	Los Angeles (n)	['lɔs 'andʒɛles]

Lyon	Lyon (m)	['ljɔn]
Madrid	Madryt (m)	['madrɨt]
Marseille	Marsylia (ż)	[mar'siʎja]
Mexico-Stad	Meksyk (m)	['mɛksɨk]
Miami	Miami (n)	[ma'jami]

Montreal	Montreal (m)	[mɔnt'rɛaʎ]
Moskou	Moskwa (ż)	['mɔskfa]
München	Monachium (n)	[mɔ'nah^jjum]
Nairobi	Nairobi (n)	[naj'rɔbi]
Napels	Neapol (m)	[nɛ'apɔʎ]

New York	Nowy Jork (m)	['nɔvɨ ɜrk]
Nice	Nicea (ż)	[ni'tsɛa]
Oslo	Oslo (n)	['ɔslɜ]
Ottawa	Ottawa (ż)	[ɔt'tava]
Parijs	Paryż (m)	['pariʃ]

Peking	Pekin (m)	['pɛkin]
Praag	Praga (ż)	['praga]
Rio de Janeiro	Rio de Janeiro (n)	['riɜ dɛ ʒa'nɛjrɔ]
Rome	Rzym (m)	[ʒim]
Seoel	Seul (m)	['sɛuʎ]
Singapore	Singapur (m)	[si'ŋapur]

Sint-Petersburg	Sankt Petersburg (m)	[saŋkt pe'tɛrsburk]
Sjanghai	Szanghaj (m)	['ʃaŋkhaj]
Stockholm	Sztokholm (m)	['ʃtɔkhɔʎm]
Sydney	Sydney (n)	['sidni]
Taipei	Tajpej (m)	['tajpɛj]
Tokio	Tokio (n)	['tɔk^hɜ]
Toronto	Toronto (n)	[tɔ'rɔntɔ]

Venetië	Wenecja (ż)	[vɛ'nɛtsʰja]
Warschau	Warszawa (ż)	[var'ʃava]
Washington	Waszyngton (m)	['vaʃiŋktɔn]
Wenen	Wiedeń (m)	['vedɛɲ]

www.ingramcontent.com/pod-product-compliance
Lightning Source LLC
Chambersburg PA
CBHW070558050426
42450CB00011B/2905